U0048464

60歲，還是想一個人去日本Long Stay

老青春背包客的樂活遊學日誌

吳典宜——著

目次

第二章　夏之卷

第三章　秋之卷

東京大學銀杏道。

推薦序／夢想的接球

Milly

Milly三十八歲時，放下還算順利的工作遊學日本兩年，在這之前，每年數次來去日本小旅行的生活其實已經持續多年，本來似乎也能就這樣繼續下去，直到某天深夜下班搭乘巴士回家途中，一個意念突然浮現：「何不？何不去日本住住！」

動機只是一念之間，衝動、魯莽、沒有經過深思熟慮。真要說，一開始那只是個有標題、沒內容的行動。

學習日語是檯面上的正當目的，是取得合法居留日本兩年的途徑，是說服上司、父母和自己的理由。事實則僅是單純想任性放下食之無味、棄之可惜的日常，投入一個憧憬卻未知的陌生日常。

「將旅行的日本轉換成日常的日本」是所有期待的關鍵字，因此從未考慮住在學校宿舍，而是在一般的住宅區搜尋住處。

從突發意念到實際踏上東京土地以居人身分滯留，只不過半年多，期間被那隱約帶著冒險意味的計畫惹得興致昂昂，完全無心盤算現實的細則。

在與代為安排租屋、採購家具，初次見面的朋友的朋友會合，並跟房東和仲介公司完成簽約後，Milly獨處在零下三度的冰冷公寓內，才恍然意識到前一日理所當然的日常，已經不再是理所當然了。

寂寞如一團黑影般湧了上來，毫不客氣的。之後兩年以學日語為名的東京住宿生活，即不斷的跟這隨時趁隙挑釁的孤寂對抗。

後悔？一點都不，沒有任何一絲後悔在日後回想時浮現。

甚至感謝那未曾體驗過的不安、無助和孤寂，才得以有更多時間跟自己對話，身心清澈的在一次次疑問和答案的交互下，明白哪些是可以珍惜、可以勇敢突進去守護的東西。

像是重新洗牌、充滿第一次體驗的東京日常生活，點點滴滴回味起來盡是滋味。第一次靠直覺煮出一鍋牛肉咖哩、第一次用最克難的方式做出聖誕蛋糕、第一次在深夜中對抗大蜘蛛……。

同時也收藏了兩個春天上下學途中的日常櫻花風景、經歷散步路徑上的紅葉過程以及一覺醒來推窗看去的一面雪色。

空餘的時間太多，為免困在無出口的迷惑中，Milly習慣一直走路。花兩小時從日語學校走回住家、沿著鐵道一個站走向一個站。假日就以東京為中心出發去周邊城鎮小旅行，以好奇研磨細膩，以發現玩味小小的確幸。

如此的，說這兩年的東京生活是Milly日後撰寫日本旅記的原點也不為過。

而原本視為藉口的日語學習，於生活中竟也不知不覺在身體裡發芽，所以可以用不同的語言角度觀看世界。

知道自己當年無謀出走的舉動，給了學長（笑~從內文獲知）實踐日本Long Stay的刺激，甚感榮幸。只是怎麼讀著讀著學長時而悠然自在、時而冒險犯難的故事，自己又開始心動想擇地Long Stay起來，甚至暗自預期著某年某月會看見另一個故事的分享，而故事的開端正是來自這本書。

夢想實現的接球，無關年齡不拘形式，在於無畏曲折的勇氣和豁達寬容的態度。

緣起／圓個另類「留學夢」

——因為高齡被婉拒入學；山不轉路轉，意外成為四處遊學的背包客。

一開始，只是想退休了，除了遊山玩水，還可以做什麼？隱約地就浮起，年輕時沒有那個學業成績與經濟能力，不敢奢望的「留學夢」。

但最初的夢想，是加拿大，而非日本；雖然日本對我而言，是工作之餘常去的自助遊地，並非陌生的國度。

何以不是先鍾情東瀛？

因為那時候，加拿大航空的「加航自主遊」，有各種長短期的遊學套裝課程，包括學校、住宿同時搞定，很吸引懶得傷腦筋、懶人如我的目光。加上，一直是「菜英文」，若能去「ㄌㄠˋ英文」，活到老學到老，很好！還有曾經淺嘗楓葉之國的好山好水，若能舊地重遊、樂活過日子，也不錯！

可是多次翻著遊學型錄，有些臥遊，有些憧憬，心動卻沒有行動！因為剛退休那幾年，還在出版社與基金會兼差，一周有幾天的工作。這讓我下不了決心，有個冠冕堂皇的理由——「放棄收入可惜（我是沒有月退俸的啃老本族）」、「等沒工作再說」。其實心裡深處自知，問題在於，有那股想飛的浪漫，卻缺乏真正走出去的信心！

Milly三十八歲「高齡」留日的衝擊

就這樣光說不練，倏忽數年！一直到看到日本旅遊作家Milly的書，介紹自己三十八歲「高齡」毅然辭職，到日本東京留學遊蕩兩年，才再度受到撞擊！

令人羨慕！可以這麼瀟灑地轉換跑道，過自己想過的生活！什麼高齡？她可是小我一輪的大學學妹（從作者簡介得知）！

這個刺激，讓我再度思索出走的可能。

不能再蹉跎，五十九歲「高齡」出發！

明明心裡住著「留學夢的小孩」，別裝作看不見。都五十九歲了！不走待何時？到垂垂老矣，走不動了才後悔，如果想做就去做做看，不做怎麼知道行不行？

不要再找藉口了！加拿大未付諸行動，不要連自己常去、近便的日本也不敢去？不是很嚮往日本的生活環境嗎？不是想學學日語嗎？

一連串對自己的心戰喊話後，終於決定跨出日本留學的一步。

老來住京都

若能去日本留學，京都是我的首選。

早在二十幾年前，第一次個人單飛就給了京都，八天七夜賞楓。爾後為了古今輝映的春櫻秋紅，多次遊歷這個千年古都。

喜歡京都的氛圍，既入世也出世，既華麗也簡約，既都市又自然，而且很東方地、人文地，耐看耐讀。作家舒國治的〈倘若老來，在京都〉一文，更讓我心有戚戚焉，真想「老來住京都」。

想去京都，首先要解決落腳處。我知道日本租屋是滿麻煩的，如果有人指引、引介，會事半功倍。問了和我家熟識的彥宏，曾在京都留學一年，是內人鼓勵他去的。我問彥宏，知道那個房子有留學生續租，但後來就空在那裡了。就請彥宏幫忙牽線，因為是熟人介紹吧？房東佐藤先生爽快地答應了。

了解租屋時，也問了彥宏以前念的日語學校，並Mail表達想去留學一年的意願。學校很快地回覆了，一周後又收到課程介紹、申請書表等的掛號包裹。

高齡？「留學」被拒，「遊學」可以

回信中雖然表示歡迎，卻寫著（大意）「學生簽證有年齡限制，（以你的年齡）不可能取得。若以觀光簽證的方式來就讀，九十天後出境再入境，這樣的就學方式，比較方便而且立即可行。」

看到這樣的答覆，實在大失所望！不過，好在有變通之路，轉個彎還是向前行。

其實，在決定挑戰留日後，一直上網爬文做功課，搜尋到一些公益性的日語學習資源，費用低廉甚至於免費。所以，即便不去日語學校，也有地方上課，只是不像學校課程較多、較系統性罷了。

「留學」不成，「遊學」也ＯＫ。知道生活有多重道路可行，去長住的心裡更加篤定。去一個地方過日子，總不能去那邊當宅男，或者成天無事四處遊蕩。雖然遊蕩也是種學習，不過比起有個固定的場所，可以和人連結、互動，這種學習更踏實！

住的問題，解決了！學的問題，解決了！玩，不是問題！那就出發吧！我辭掉退休後還兼著的工作。二〇〇七年八月「上京」，開始在京都Long Stay。

三次「大Long Stay」多次「小Long Stay」

第一次在京都住了約半年。這期間為符合簽證期限規定，回台一次再赴日，二〇〇八年一月春節前再回台。本來希望三月再去，後來因為家母跌倒受傷，以及擔心持續入境日本，恐被拒絕簽證，而中斷預定一年的遊學Long Stay計畫。

有一就有二，我開始迷上比旅行更悠哉、更深入的Long Stay。第二次Long Stay是二〇一〇年夏天，去北海道札幌三個月。除了横浜、京都之外，札幌是日本人最期望移居的城市，更是避暑之都。接著二〇一一年夏天，第三次Long Stay去京都與札幌三個月。

在這三次「大Long Stay」之前之後，還去了多次七到十天的「小Long Stay」定點旅行，包括東京、京都、大阪、名古屋、別府等地。

慶幸自己走出去了

從期盼留學不成，變成遊學的背包客，一再去日本Long Stay。大隱於日，享受日本乾淨舒適的生活空間。和一般日本人一樣的過生活，騎單車上超市、市場，做垃圾分類。到處悠遊、學習、交友，萬里單騎自由自在，一些寂寞，更多樂趣。

從初到京都變「台勞」、札幌海關被大搜身的錯愕，到成為日語班老大、縱貫日本重回青春18、單車失竊警官送回雞同鴨講、兩個台日歐吉桑睡車上遨遊北海道、去日本小學上課交流等各種體驗。從不會講日文，到會講一些日文的成就感。

老來能夠如此遨遊，體驗不同的人生，真是美妙！我慶幸，我走出去了！

＊＊＊

第一次日本Long Stay回來後，一次偶然機會才認識Milly，感謝她的啟蒙。當時我說：我是你的大學學長，你卻是我的遊學前輩。我尊稱她為「先生（日語是老師的意思）」。

許多人生的經驗際遇，和年齡大小無關，先知先行者就是老師。這也是這本書的緣起吧，真的要謝謝她。

Milly「高齡」留學，成為知日達人、知名的旅遊作家、職人，十年來著作等身，令人敬佩。我高齡遊學，雖然不用功，也不必用功，還是有許多收穫，足以回味。

我覺得，年齡不是問題，每個人都有作夢的權利，有夢就要行動！如果有想做的事情，趁早；有想去的地方，快去。特別是熟齡族，有能力就趕快去做！年輕人也應掌握青春的活力，勇敢地踏出去！

然別湖冰上村。

疫後特別篇／疫後日本・破繭而出

日本還是日本，只有一些進退改變；
既保守又創新，持續亮麗前行。

日式台灣美食漸多，此為滷肉粥燒賣套餐。

二〇二二年十一月，在世紀大疫新冠鎖國三年解禁後，再度踏上東瀛，重回「丁寧な」（多禮的）和式氛圍。第一天商旅飯店早餐，要先乾洗手消毒、戴手套、口罩取餐，個人餐桌有隔板，人不多，也有便當盒可打包帶回房間用餐。用餐環境不錯，整排窗面對金秋的街道。服務的大叔、小姐，不停地說謝謝、補充buffet餐點時也要介紹菜名……。

雖然在關東地區，卻好像又聽見關西食堂的老闆大聲吆喝著「いらっしゃいせ～おおきに～歡迎光臨、真多謝啊！每度ありがとうございます～感謝您每次惠顧」，藥妝店又看到滿滿觀光客回籠，日圓低盪讓日系商品更加吸金；激安殿堂唐吉訶德賣場，依舊寸土必爭地塞滿商品……。

穿梭交通蜘蛛網，又見超市半額熟食

大車站還是湧著容易相撞的可怕人潮，又在東京的交通蜘蛛網上下穿梭，電車司機員一再地播報站名、提示轉乘路線……依然匆忙安靜的乘客，車站立食再映入眼簾。

在超商先買個愛吃的日式泡芙，又開始吃起「黏巴達」的納豆以及「肉野菜炒め」等日式定食，傍晚走進超市又見顧客最愛的半額熟食……久違的日本生活，就這樣熟悉回來了。

很多人會好奇久別重逢的日本，有什麼大改變？我覺得一定有，也沒有。就像感覺日本還是日本，就像台灣還是台灣一樣。時間推移或有新貌，基本氛圍依舊不變。

日本最大的改變，跟我們一樣，就是防疫即生活。防疫標語「三密」深植人心，即避開「密閉空間、密集人群、密切接觸」減少群聚感染，還獲得二〇二〇年度流行語大獎。雖然疫情緩和解封了，生活漸恢復常軌，街頭重現熱鬧景象，多數人在醫院、電車、巴士、密閉空間還戴口罩，半數路上行人也是，特別是中老年人，商店等場所仍備有乾洗手。這是在日朋友告知的二〇二三初夏映像，台灣也是如此吧，防疫習慣仍會相隨一兩年，邁向有罩無罩更迭的生活。

食宿ＣＰ值較高，台幣「變貴」很划算

日本另一個改變是物價上漲（如同台灣與全球），但對老外而言，因為日圓貶值，有些東西反而比疫情前便宜，雖不是低廉卻很划算。例如觀光客最有感的住宿費，札幌北海道大學旁一家寬敞（２１平方公尺）附廚房的商旅，疫情前常以三、四千日圓入住（匯率0.28），疫後看都在五千以上（匯率0.23），換算後費用其實差不多，可是如果比較台灣商旅房價，就會覺得「真俗」。

台日兩邊飛的人也發現，日幣「變便宜」台幣「變貴」了；因為日圓來台縮水物價又漲，被剝兩層皮不值錢；台幣赴日變胖壓扁漲幅，ＣＰ值又較高很值錢。以觀光客第二有感的餐費來說，在關東還ＯＫ的餐廳食堂，很多一千日圓上下實惠的午間套餐定食，而且各式料理選擇性多；兩三千就有高檔超值的午餐，如壽司、燒肉、法國菜……。重點是，千圓平價的就有不錯的品質，也較少踩雷的機會，整體而言ＣＰ值比台灣高。

在日圓低檔的基期下，高物價的東京，好像沒有想像的「高」，其他中小城市可能更「低」。所以日本物價高的印象，疫後似乎已經改觀，除了交通依然高貴之外，整體物價不會高過我們了。而對觀光客，交通費是有種種優惠補貼的。在日圓未回高檔前，旅日變得更划算、有吸引力。

飲食更多元　台灣美食深入東瀛

疫情也讓日本飲食文化有著微妙的改變，更豐富多元國際化。就在國境封閉、斷了台日舌尖連結約半年後，一些在日台灣人，開始ＤＩＹ台式點心、小吃分享，從簡單的饅頭、蔥油餅，做到厚工的蛋黃酥、綠豆糕、芋頭酥、蘿蔔糕、粽子，後來有人還上網販售補貼收入，或跨國郵購鳳梨酥。二〇二一年九月，京都更開了以台灣夜市為主題的觀光夜市，滿足「哈台族」久違的味蕾。台灣美食已深入東瀛，這些年來更在地化，不只小籠包、鳳梨酥、珍奶等台灣甜品，還有魯肉飯、雞排、燒餅油條、豆花、胡椒餅……，Long Stay若想念家鄉味，已經解饞不難了。

每次去東京，必去探訪上野阿美橫丁（アメ橫）這個老朋友，它是二戰後黑市蛻變出來，最有江戶下町風情、充滿活力的庶民市場商店街。這裡滿溢各種平價誘人的生鮮、水果、食品、南北貨、服飾、雜貨、藥妝、舶來品，更浸染深化著異國

東京上野阿美橫町，充滿江戶下町風情的商店街。

上野中國大陸小吃無所不有。

風情。不但早有亞洲、世界食品店與中華超市，台灣與泰國等多國料理，疫情前也出現多家食堂，打著中國與台灣小吃旗號，菜單琳瑯滿目無所不有，疫後去又多了幾間大陸食品土產店。這些異國食物，有道地的也有走鐘的，總會吸引日本人嘗鮮，也滿足異鄉人重溫家鄉味。

日本旅遊與生活習慣的蛻變

疫後日本除了上面的印象外，有些旅人覺得還有下述的改變與困擾，一併提供想去慢遊Long Stay的朋友參考。嚴格來說，前三項跟疫情無關，是時代的趨勢，頂多是防疫三密加速改變。

一、自助式服務增加，現金消費減少

例如旅館、超市、超商服務，朝向自助check in、結帳，但若不熟悉會有人協助；餐廳買餐券、點菜機或用手機QR Code點餐漸漸普遍，這部分行之有年，機器菜單有多國語言，其實比口頭點餐方便容易溝通；搭車、購物使用ＩＣ卡或ＡＰＰ的機率增多，搭車除一日券周遊券之外，早已習慣用ＩＣ卡方便省時，減少現金購票按鍵找零的煩惱。

二、人力不足，服務沒有以前周到

有人覺得，旅遊交通餐飲消費，因為人力不足品質不如前。這個問題各國皆然，或許慢慢會改善，或許回不去了。日本講究「おもてなし」（盛情款待）的多禮文化，讓人感受深刻，不過時代、人力的演變也是事實，可能會朝向「剛剛好就好」的服務，一般場所不需太複雜細膩。

另外，除了觀光相關行業可見外籍職員外，超商的老外店員也漸多，大部分是打工的留學生，這在十幾年前是難以想像的，可見服務業人力的短缺。

三、認同減塑，賣場不給塑膠袋

多數超市、超商與百貨公司，不提供購物袋，跟我們一樣要購買。這是好事，趨勢就是這樣。

東京商旅疫後早餐，須戴口罩手套取餐。

東京電車擁擠「三貼」的通勤族。

四、免費Wi-Fi少、語言不通、標示看不懂、交通系統複雜、垃圾桶少

日本旅遊媒體「GOOD LUCK TRIP」，對疫後旅日遊客調查（華文圈占七成）覺得「最不方便」之處，以下列出前五名與對策。

1.公共場所的免費Wi-Fi確實較少：免錢的有的連結認證也麻煩，出門在外連網需求高，自己租用比較方便，現在漫遊費用也便宜多了。

2.語言不通：可請即時翻譯軟體溝通，或者以漢字筆談，這是同為漢字圈的優勢。

3.缺乏其他語言的標示：其實東瀛日、英、中、韓四國語言對照指標與立牌地圖不少，這個比我們更國際化。

4.交通系統複雜：東京大阪等大都市比較麻煩，特別是大站如新宿、澀谷、東京，要花不少精神做功課，轉車要預留找路、迷路的時間。

5.垃圾桶少：車站會有路上少見，日本沒有邊走邊吃東西習慣，還有垃圾自己帶回家。

五、遵守簽證的規定，注意入境問俗

觀光簽證入境的話，絕對不能打工。遊學如果念日語學校也要考慮簽證規定。另外，不能隨便答應借名字、住址給人收貨轉寄別處，這都是犯法行為。

入境問俗隨俗：例如住宿點若需自己處裡垃圾，要注意分類與回收日，各地規定不同，請遵守規

則。在店家內拍照或對人拍照（特別是小朋友），最好先徵求同意。

上面是在法院、警局協助翻譯的朋友的建議，小心避免惹禍上身紛爭，或引人誤會反感。

（簽證問題與入境問俗相關資訊，另請參考〈第五章 日本Long Stay攻略大全〉）

疫後日本，誕生許多新的景點，觀光熱絡經濟復甦，日圓雖然持續低落，股市卻屢創新高，突破了一九九〇年經濟泡沫化的高點。菊花與劍的國度，謹慎保守又勇於創新，有著種種社會問題，卻仍持續亮麗前行。日本還是日本，似乎掙脫失落的三十年破繭而出。想去日本慢遊Long Stay的朋友，也將破繭而出遨遊圓夢的天空。

東京立食。

餐廳三國語文的餐券機。

疫後特別篇／一人旅快樂慢遊：Long Stay的過去、現在、未來

★二〇一七年六月，我又回到初山別的療癒系海岸。上次睡「岬の湯」飯店外面停車場，這次住溫泉飯店裡面兩晚。散策海岬公園，想看落日美景未如願，卻碰到一人幕天席地紮營的重機騎士，寒暄兩句，才知年輕人從關東一路北上，正在環遊北海道（我也是，只是我是搭車住旅館，他是騎車露營）。沒想到北國初夏超冷的，那晚海風狂野孤單一帳，我說：「一個人，厲害！」（一人で、すごいね），他說：「不不，歐吉桑也很厲害」（いいえ、おじさんも）。

★幾天後，重遊浜頓別クッチャロ湖（白鳥の湖）時，看到一隻滯留的天鵝，陰霾天氣裡顯得禪定孤獨。不知為什麼

北國大地寬廣，天空深邃。

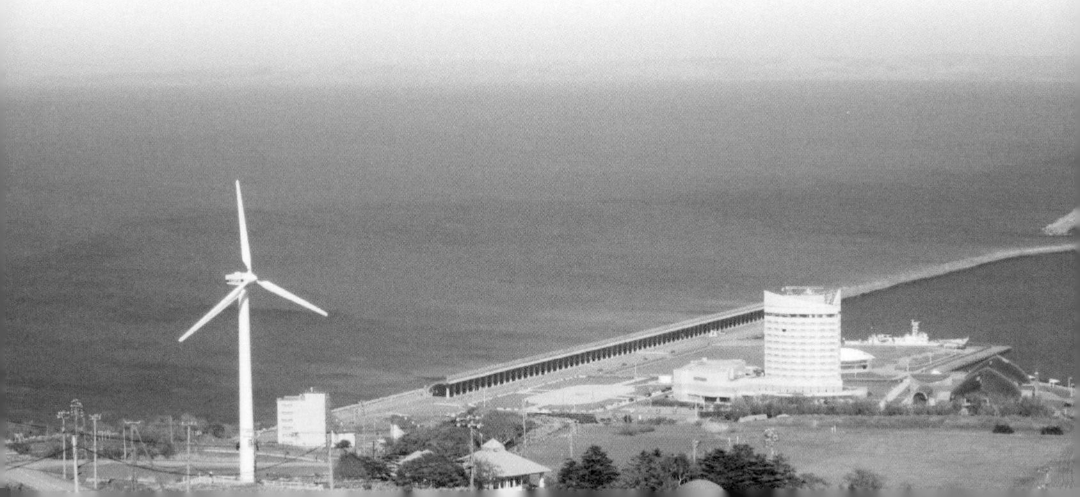

牠還留在異鄉？是老了、飛不動了、還是享受「一鳥旅」的自由自在？

★二〇一六夏天，一位日文班的同學「拋夫棄子」（孫子與狗兒子）去新潟Long Stay兩個月，上志工日語班與烹飪課。她原以為雪國有涼夏，哪知超級熱，第一個住處還有問題，又不方便，只好搬家。但最後倒吃甘蔗四處雲遊，圓了阿嬤遊學夢。

獨活自得其樂，一人旅漸風行

這個世界既是共生也是個體，我們自約也奔放；進步帶來疏離文明病，卻也海闊天空無遠弗屆。是因為少子高齡化吧，似乎個體生活趨勢已不可逆！多年來，日本有個流行語就叫「ソロ活」（獨活／solo活），就像婚活（結婚活動）、就活（就職活動）那樣融入生活，還延伸出ソロ旅（一人旅）、ソロキャンプ（單人露營）、ソロ飯（一人吃飯）等語彙。

如何獨活自得其樂？這個話題，更受日本女性關注，女子專屬的ソロ商品[1]蔚為風潮，如女子一人旅、ソロキャンプ女子（女子單人露營）、女子一人旅ツアー（女子一人旅行團）等，也有不少相關的書籍。更有一部訴求單身女郎樂活之道的日劇《ソロ活女子のススメ》（獨活女子的守則）頗受歡迎，連播了三年，三季共三十二集。

從人口消長與習性的蛻變來看，一個人生活、一人旅，是個趨勢也是功課。日本觀光廳、「Jalan旅遊網」二〇二一年宿泊旅行調查，一人旅已突破二成，僅次於夫婦結伴。日本旅遊媒體

雪國冬遊記。

「TravelZoo」會員調查也顯示，有一人旅經驗者，二十九歲以下接近九成，最少的五十歲以上也有七成多；而今後想繼續一人旅者，二十九歲以下近八成，最少的七十歲以上則有四成多。可見長遠來看，團客市場將縮小，並且更加個人化，各個世代都是如此。自助旅行進階版的慢遊、Long Stay，也有一人旅的趨勢。快閃走馬看花的旅行，也會轉向長住深度旅遊。

一個人去異鄉居住，有什麼意義？

二〇一五年筆者為本書初版宣傳時，有聽眾問：「你這樣一個人去異鄉居住，有什麼意義？」

注1：一人旅訂房網　https://www.jalan.net/theme/hitoritabi/hitoritabi_index.html

記得那時回答，是為了圓夢勇敢踏出去，沒去思考什麼意義，我說如果問「有什麼收穫？」就是：「習慣獨處：學會一個人生活、獨處，尤其在異國」。因為後來體會，人，終究還是要一個人面對自己，與自己的心靈對話。即使不一定是孤獨的，面對身、心、生命上一些關卡，有時再親的人都幫不上忙。在少子高齡化社會，這個問題會更深刻。

我從二〇〇七年第一次半年，二〇一〇、二〇一一年兩次各三個月，合計在日本「住」了一年，之後至今沒有做過一個月以上的定點Long Stay。雖然仍有心動想居遊之地，終究沒有付諸行動。這十幾年來，只有一個人四處慢遊巡遊。

原因其一，年紀大了，更老了，「不

網走雪國列車。

良老年」的流浪條件，已不像六十歲前後「黃金人生」那樣具足（哈）。原因其二，日本很大，有不少地方還未探索，不一定要行遍東瀛，但可以分區深遊慢遊。

我的一人旅，大多以北海道為主。北國大地寬廣，天空深邃，原始、純樸、自然、美麗，又充滿活力生機，沒有太多人、沒有太多商業氣息。對我來說，這是一種魅力，也是一種神祕。偏鄉小町，公共交通的不便，是挑戰也是風景。有時巴士電車坐著坐著，只剩我一個乘客。路上走著走著，我常是踽踽獨行的旅人。那是難於言喻的探索成就與自我享受吧！

網走破冰船。

北海道美瑛秋色。

北國的魅力神秘，是挑戰也是風景

十幾年來旅行日本主要的「戰績」有：

★從京都海進北海道，搭了二十小時的遊輪。

★完乘「日本最長距離的普通車」，坐了八個小時的電車。

★回到初山別療癒系海岸，遇到第二位台灣醫生，坐了四個小時的巴士。

★去網走破冰、然別湖冰上村，札幌雪祭、層雲峽冰瀑祭、支笏湖冰濤祭、小樽雪燈之路等等，遍嘗冰雪大餐，兩次冬遊二十天。

★挑戰以巴士環遊北海道，沒有完全制霸（因部分路程還需靠鐵路銜接），花了二十八天。

★搭電車巡遊道東、道央、道南，去釧路、網走、札幌、旭川、函館等地二十一天。

★北海道之外，還做了一些本州的旅行，主要有東北奧入瀨溪流賞楓十二天、富士山下河口湖等巡遊八天、四國跳島之旅奈良楓情十一天等等。

上述行程安排，開始大多鉅細靡遺照表操課，後來變得只列大綱重點、預訂幾晚飯店，其他的就看天氣與興致，彈性調整行程，有時回程機票，也是旅途尾聲才買。當然隨興也有碰到狀況時，例如有一次職棒在札幌，飯店全滿只剩貴森森的房間，鄰近的小樽、千歲也是，更遠的旭川也不樂觀，我卡在帶廣進退兩難，眼看後續行程將打掉重練，還好最後有人退訂敲到一間小資房。因為旅行的資訊與工具，變得豐富便利所致，才讓行程安排更為容易掌握與應變。

回想十五年前開始Long Stay時，網路沒有這麼方便，也沒有智慧型手機、ＡＰＰ或QR Code，更沒有Google Maps指引迷津。雖然自助旅行已經不難，但遊學居遊的人還少，真有出門萬事難的感覺。本書曾談到先要克服租屋的麻煩問題，還要擁有五大神器「廚房、網路、超市、單車、懂一點日語」，才能讓居遊如魚得水。（請見第五章〈日本Long Stay攻略大全〉）

Long Stay難度降低，神器取得容易

如今，Long Stay的成熟度大升、困難度大降。這十幾年來最大的變化是，租屋找一個家，相對以前方便太多了，可說資訊、管道更加豐富，訂房網任你選，甚至於可和業主連上LINE，多數在線上按鍵就能敲定。已經不用拜託親友協尋，或者電話、E-mail來來回回的聯絡，那麼煞費周章了。

至於五大神器中的「廚房、網路」，也不像以前那麼稀奇。特別是網路Wi-Fi，多數已成基本的配備，不管是飯店、民宿或公寓。而房間有廚房或迷你廚房，則是傳統飯店與商旅之外，越來越成為聚客的配備，不但是都會休閒式飯店、周月租公寓的特色，民宿與背包客棧等也以公共廚房做為賣點。另外高檔商務住宅、酒店式公寓的興起，更將廚房家電齊全的住宿需求，推上好宅旅宿的滿足點。

有趣的是，五大神器中的「懂一點日語」，雖然絕對能增加在日生活的樂趣，可是拜即時翻譯軟體進步神速之便，現在即使不懂日語也不會寸步難行了。如果懂一點，再加上即時翻譯軟體助陣，那就更讚！因應居遊生活與溝通需求，一定綽綽有餘。其實，我也是這樣子玩的，別以為我日語流利才趴趴走，錯！程度很Low！但日語說能說的、聽能聽的，肉腳還是行得通。

未來四海遊歷，一人旅情自由愜意

目前日本租屋，除了各種訂房網之外，已有月租飯店訂房網（マンスリーホテル），未來若出現Long Stay訂房網，也不足為奇吧！日本也有共享公寓（co-living）型態，到處移住Long Stay的訂房平台[2]，月付四萬八千日圓就可住到飽，吸引不少可以線上工作、辦公度假、退休熟齡族四海為家遊歷生活。這麼容易當遊牧族，這也是過去難於想像的。

遊學中的日語學習部分，收費低或免費的公益性資源，過去比較少人運用。現在知道的人多了，有可能更加開放、更多人受惠，也有可能因場地、志工有限，少數城市對不是長住日本的老外設限，這是值得留意觀察的。

所以，想去日本Long Stay遊學的人，租屋與五大神器的難題已經大減，是否踏出去就看個人有無「三心兩意」了。那就是好奇心、玩心、信心，以及注意安康、入境問俗（隨俗）。

本書出版後經歷許多讀友、版友的回饋，才知想Long Stay遊學的人一拖拉庫。熟齡族說那是年輕時的夢想，青壯族說那是未來的期望，都企盼有機會圓夢。我覺得如果因緣俱足，就出發追夢吧！即使一個人也ＯＫ，如同前面所說的去學習獨活樂活，只要做好功課就可以。當然能結好伴同行也不錯，但不能時也別勉強，有人因為無緣而反目成仇，殘念啊！

一人旅，不用顧慮配合別人，往東往西隨心所欲，可能更自由愜意。就像我當年與這些年那樣，一點寂寞更多快樂！

注２：「ADDress」日本隨處住旅宿　https://address.love/

疫後特別篇／疫後Long Stay・東京落難記

旅居安靜小町河畔好宅，
三年不見享受久別重逢喜樂之際，
卻意外受創畫下了休止符。

富士吉田市商旅旁，早安富士山景。

那個晚上，在富士山下小城夜朦朧人朦朧，花了好些時間才找到投宿的商旅。之前還摸黑走進一家商旅，一查說沒預約，這家叫「ホテル芙蓉閣」，我訂的是「ホテル芙蓉」，原來是名字相近之誤。

已經習慣日本小地方，電車站周邊不一定熱鬧，意外的是富士吉田市富士山站，連超商都沒有。站內小商場顧客零落，想吃的定食屋已打烊，走了一天飢腸轆轆，探尋飯店途中看到拉麵店，就飽餐味噌拉麵與烤肉飯祭五臟廟。雖然訂房網與Google Maps都寫飯店徒步四分鐘，顯然是參考用的，或許白天熟門熟路時小跑步可達陣吧！

Check in後跟老闆說，我摔傷大腿想買藥，一路上沒看到藥粧店。問他有無面速力達母，他沒有但給了一袋消炎止痛貼布，並告知附近的商圈有藥房、超商。在寂靜幽暗的市區，來回半個多小時買到小護士，才回旅館塗抹傷口。那時還渾然不知，問題已不是痠痛貼布與小護士能解決的。

摔傷大腿，繼續賞楓遊山玩水

早上出門時看到天朗氣清，心想河口湖紅葉狩精采可期，愉悅地轉頭疾走，沒注意走道旁石墩，被絆倒身體撲上石墩、眼鏡落地，起身後覺得右大腿疼痛、有點不適，但走路沒問題，就繼續行程搭電車轉往東京站，再換高速巴士上山。在河口湖巡遊，走了很多路，欣賞紅葉富士山同框、紅葉迴廊等楓景，天黑後才離開湖區，搭車去旅店。

休息一夜，覺得冰涼的消炎貼布，有改善腿部痛感。隔天早上走去下吉田站，爬了三九八級石階上新倉山淺間神社，眺望經典的富士山美景，下午又回河口湖畔漫步，簇擁迷人楓采後，才打道回府結束二日遊。接下來幾天，去了昭和紀念公園、神宮外苑、東京大學銀杏道浸染秋色絕景，又去橫濱與隔日飛英國的小女午餐、逗子海岸拜訪多年未見的表哥。雖然走路沒問題，續貼貼布，坐下時某個角度卻越來越痛，右腿部更腫脹。

逗子回來隔日下雨休息一天，卻未見好轉，住處移動痛感加

東京落難的「禍首」石墩。

劇，不就醫不行了。我有投保一個月附加醫療的日本旅遊平安險，保單規定就醫前需聯絡客服，第二天早餐後開始聯繫，說明希望中文溝通後，電話轉到中文客服（後來承辦小姐說她在北京），告知病況與所在城市川崎，來回聯絡幾次後，下午兩點通知附近一家醫院可以就診，去找吉崎小姐協助掛號。

那時已疼痛難行，撐著雨傘當拐杖下樓。出電梯時移步困難，一位太太見狀攙扶問怎麼了，我說腳受傷要去醫院，她說你等一下，就去找來大樓保全推著輪椅幫忙，因為後棟電梯間到前棟大門有一段路。管理員問怎麼去醫院，我拜託協助叫車，結果找不到空車，他說叫救護車好了，沒多久「救急車」就來了。

腫痛難行，被救護車送醫

上車後，救護員聽我說摔傷八天了，看沒有立即危險，又是老外，開始詢問、詳細填寫紀錄表，我努力說日語+寫漢字+手機翻譯軟體，他也努力說簡單日語+翻譯軟體+平板打字讓我確認，聯絡要去的醫院認可，花了不少時間才鳴笛出發「嗶博嗶博」地送醫。

急診室醫師問診看了傷勢後，保險公司聯絡的吉崎桑也來了，她是這家國際病院的中文翻譯，陪同護理師帶我做抽血與電腦斷層等檢查。結果醫師說骨頭沒問題，但筋肉血腫嚴重，看了我帶去的日常慢箋藥袋後，認為與服用抗凝血劑有關，造成腿部挫傷瘀血積聚難消。醫師這麼一說，才想到那幾天很冷還多吃了半顆藥，可能讓傷勢雪上加霜吧！

由於急診室不開診斷書，吉崎桑又幫忙轉到骨科（整形外科）門診，開立保險所需的診斷書，最後又陪同結帳、幫忙叫車，跟護理師推著輪椅送上計程車，這時已夜幕低垂。感謝親切友善的吉崎桑（我說能說的日語，不會說的她就翻譯）與男女護理師（有的來過台灣樂於寒暄）、醫師們，讓我的意外就醫，做了不是VIP的VIP！

急診花了十五萬日圓，幸好保險理賠

VIP的代價是十五萬多日圓+藥費。日本醫療費高，還好保了旅平醫療險，獲得全額理賠。提醒大家出門未雨綢繆比較保險，特別是熟齡族更有需要。（相關資訊另請見第五章〈Long Stay的五大神器與三心兩意〉、〈熟齡族悠遊Long Stay攻略〉）

回到住處大樓，保全再用輪椅幫忙推上樓，開始新的挑戰。日本醫院大多只開處方，要去藥局拿藥，

被當作保險金支付案例。

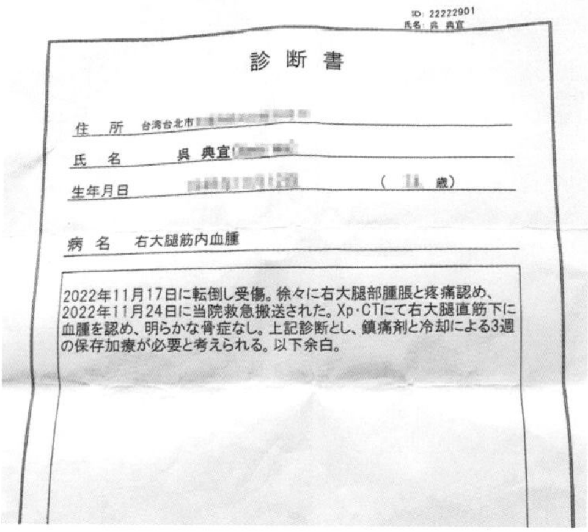

ID: 22222901
氏名: 吳 典宜

診 断 書

住 所 台湾台北市

氏 名 吳 典宜

生年月日 (歳)

病 名 右大腿筋内血腫

2022年11月17日に転倒し受傷。徐々に右大腿部腫脹と疼痛認め、2022年11月24日に当院救急搬送された。Xp·CTにて右大腿直筋下に血腫を認め、明らかな骨症なし。上記診断とし、鎮痛剤と冷却による3週の保存加療が必要と考えられる。以下余白。

川崎醫院診斷書。

醫師要我充分靜養，血腫冰敷貼藥布要買貼布，無法出門吃飯，要有便當吃，都需有人支援幫忙。這次「意外」來關東Long Stay，租住女兒朋友Wen的空屋，下午就醫後LINE她求助，住附近的Wen一回家就馬不停蹄地跑腿，張羅我療傷呷飯所需，直到我五天後返台。

疫後想見久違的東瀛，原想避開熱點，去琵琶湖週邊小城慢遊，再探望京都一兩天當作ending。那時剛解禁，關西機票貴森森、班次又少，正考量時，女兒說她可用全日空航空的哩程換機票，結果只能敲到福岡進，轉機到名古屋來回的票，有點航站巡禮的感覺。但如果東京的話，就很容易訂票，才改成關東賞楓。女兒早就安排倫敦之旅，我去幾天後就出門。她雖然住日本，但我去日本不見得會找她，我們都各行其是、相安無事，直到這次我出事才有事。

可能消炎止痛、冰敷、睡覺墊高腳部有幫助，腫痛有點緩解，室內扶牆扶桌而行也可度日，但全依賴Wen照顧採買餐食也不好意思，決定提前離日。原怕女兒擔心，又遠水也救不了近火，未說就醫之事，但機票要改期只好告知，幾經聯繫才知哩程票一使用，既不能改期沒用也作廢。就買了虎航單程票，加價選寬敞座位放鬆傷腿，從較近的羽田機場回國。女兒請她學長，我也認識的Keith開車送機，Wen也來送行，出院後第五天、午夜兩點再次踏出大樓，再看一眼絆倒我的石墩，向疫後首次的Long Stay告別。回台後繼續治療復健，拄杖而行幾個月才幾近痊癒。

「驚喜」參半，難忘的Short Stay

這次Long Stay變Short Stay，一個月變成半個月，最後五天還關禁閉。先是入境成田機場時，幾年未用的行李箱可能脆化被摔破，全日空還賠償一個新的，後來享受久別重逢旅行趣之際又跌倒受傷。可說驚動許多人，得到很多人幫忙，是個難忘的經驗。

另外這次住的是安靜小町，河畔有view的好宅，離電車站很近，出站就有超商，十分鐘路程有超市與有百元店、餐廳的小型購物商場，一站距離就到川崎市車站熱鬧商圈，鬧中取靜生活機能不錯，兼得散步上街之樂，也是不同的體驗。

河口湖畔金秋。

疫後特別篇／關東Long Stay的魅力與建議

世界No.1萬象之都，酷炫大城也有方便寧靜小町；
交通複雜綿密，卻又井然有序，來去體驗令人迷惑的魅力。

我一直是東京的過客，最多待一星期，幾次Long Stay都沒想過要當東京的住民。原因一：台北已經人過多、過熱鬧了，而且從年輕旅日到年老，玩過、經過東京次數不少，不需刻意再體驗東京的人海一粟；原因二：公益性日語學習資源分散，遊學不便；原因三：高房價，長住成本高。

不過，這個世界No.1的都會太大了，大到讓人迷失、頭皮發麻，大到太有看頭、眼花撩亂。它還多次被著名的旅遊雜誌《Condé Nast Traveller》選為世界最具魅力的城市，整個關東地區又有超多風景名勝，要從東京進出才方便可及。所以不用鐵齒，就接受這個萬象之都，熱鬧喧嘩、五光十色的洗禮吧！

居遊：避開都心熱鬧大站，選擇外環便利小站

東京，對於喜歡熱鬧的人絕對如魚得水！對想要安靜放空的人則有如緣木求魚，除非故意宅在家裡。當然也有寧靜之道的對策，那就是選擇郊區或周邊城鎮。其實，出門盡興回家安靜，也是旅行一味。Long Stay，建議避開都心熱鬧大站，選擇外環便利小站，可以減輕口袋與身心壓力，比較會是舒適居遊好所在。

這個超級大都會，疫後需求熱絡房價高漲（日本其他中小城市會好一些）。不只一般飯店，滿足居遊需求，廚房家電齊全的酒店式公寓也上漲，例如東京進出成田機場交通樞紐，都心大站的上野，就有不少這類的大套房，一晚五六七萬（疫變前三四萬）、兩晚十萬日圓起，所費不貲，比較適合家族或親友多人短期住宿，可能不是小資族或者一人旅長住的菜（口袋深者另當別論），因為一泊費用，幾乎可在京都、札幌租一個月的周月租公寓了。而東京其他非都心區，較平價的酒店式公寓或周月租公寓[1]一晚則約一萬日圓左右，月租折扣後約十萬上下；民宿、背包客棧的雅房費用應該更低。（相關資訊另請見第五章〈如何為Long Stay找個家〉）

注1：東京都平價周月租公寓　https://www.unionmonthly.jp/campaign/5/

所謂都心，簡單來說就是東京交通大動脈「ＪＲ電車山手線」所環繞的區塊及其周邊地區。住在線上的都心蛋黃區，雖然便利，但一定價高，如果不是每天跑景點趕行程，其實不需要住那裡，特別是新宿、池袋、澀谷、上野、東京這些大站，人潮洶湧動線複雜，每天進出可能耗時耗力，就是個夢魘、壓力。所以，選擇房價比較親切的蛋白區、蛋殼區，中小型車站周邊一樣很方便，避開喧囂離城不離塵，更好Long Stay。

離城不離塵，更好Long Stay

先來說**東京都**很大、超大！有二十三區，另加二十六市、五町、八

輕井澤別墅區楓情畫。

村和離島，面積約二千二百平方公里，人口一千四百萬。**首都圈**，更涵蓋千葉、埼玉、神奈川三縣（一都三縣），面積約一萬三千平方公里，人口三千三百萬，是全球最大的都會區。**關東地方**則再包括茨城、栃木、群馬三縣，面積約三萬兩千平方公里，人口四千三百萬。而我們的台北都會區（北北基）面積略大於東京都，人口只有七百萬；台灣面積略大於關東地方，人口則為兩千三百萬。如果把東京首都圈視為一國的話，其經濟規模已是世界前八大國了。

所以要在「東京國」Long Stay找個家，真的不容易，要先上地理課。簡單說，東京都二十三區，除了山手線包住都心蛋黃之外，其餘的就是蛋白，二十六市與首都圈三縣則為超大蛋殼。這樣粗淺的了解後，應該有助於擇地而居的方向。

離開都心蛋黃找平價區域，向東可往淺草（蛋白），千葉縣千葉、船橋（蛋殼）；向西往高円寺、中野（蛋白），武藏野市吉祥寺（蛋殼）；向南往神奈川縣川崎、橫濱（蛋殼）；向北往赤羽、北千住（蛋白）、埼玉縣川口（蛋殼）。或者也可以根據居遊重點選擇方向，例如想去晴空塔、迪士尼樂園、鴨川海洋世界，可往東邊找住處。想去高尾山、吉卜力美術館、國營昭和公園，可往西邊找住處。想去橫濱、鎌倉、江之島、箱根、熱海、伊豆，可往南找住處（例如我疫後Long Stay的川崎，就在東京南邊）。想去日光、小江戶川越、足利（紫藤花）、日立海濱公園、水戶偕樂園，可往北找住處。

想去疫後熱門的新景點，在都心則有澀谷的SHIBUYA SKY大樓、宮下公園、3D秋田犬，新宿的

3D巨貓，在西邊有練馬區豐島園站哈利波特影城，琦玉縣所澤市角川武藏野博物館等等。

生活便利、物價較低區域口袋名單

選擇交通便利物價較低住宅區車站，小資族可參考日本房地產網調查的排行榜[2]，前十名依序為赤羽（北區）、北千住（足立區）、小岩（江戶川區）、蒲田（大田區）、十条（北區）、八王子市（東京都）、綾瀨（足立區）、巢鴨（豐島區）、高圓寺（杉並區）、川崎市（神奈川縣）。以上都是屬於生活機能高、物價低的區域、城市，多數在都心北邊。其他東京人常見的推薦名單，西邊還有中野、吉祥寺、國立市、調布市、大泉學園，北邊有龜有、五反野，東邊有千葉市、船橋、柏等等。

河口湖湖光山色。

口袋深者，可參考高級住宅區車站排行榜[18]，前十名為松濤、南麻布、成城、田園調布、池田山、元麻布、白金台、廣尾、青葉台、代代木上原。都是治安景觀好，安靜祥和，街道綠意盎然的區域，只是高價區旅宿可能較少。

如果選擇東京都外圍城市的話，以本身與周邊生活、旅遊資源的舒適、豐富性來看，橫濱＝日本人最想居住的美麗港都、鎌倉＝古都、箱根＝富士湖光山色與溫泉鄉、熱海＝海濱溫泉鄉、日光＝世界遺產、湖光山色與溫泉、河口湖＝富士山與湖區巡遊、輕井澤＝避暑勝地與富豪別墅區，以上都是魅力滿溢的城鎮。

交通網複雜，飛天遁地「坐」為觀止

東京是世界人口最多、最擁擠、ＧＤＰ第一的都市，有全球最龐大的公共運輸系統[3]，交通網之複雜綿密與便捷，可說超乎想像地飛天遁地「坐」為觀止。儘管交通擁擠複雜，其實走路還算安心、安

注２：平價住宅區排行榜　https://www.homes.co.jp/cont/data/item20e02/
高級住宅區排行榜　https://ieagent.jp/blog/eria/tokyo-highclassresidential-area-287548

注３：根據維基百科，截至2014年5月，東京軌道交通系統有158條線路，48個經營業者，4716.5公里營運軌道和2210個車站。

全、舒暢。日本從車本交通邁向人本交通，已經努力幾十年了，雖然他們覺得還不夠，但比我們好太多了，但是都市鬧區人行道的單車還是恐怖，違規事故率不少，去東京時小心為宜。

新宿站，是世界最繁忙的鐵路車站，每天約有三百五十萬乘客進出，也是車站出口數量最多（二百多個）、轉車最複雜的車站。澀谷站前的交叉路口，公認是世界上最大且最繁忙的路口，每天約有五十萬人經過。東京晴空塔，是金氏世界紀錄認證世界第一高塔（六三四公尺）。

這麼多No.1的東京，超級先進喧嘩絢麗，卻又綠意盎然[4]井然有序，來去見識極度反差令人迷惑的都會巨獸，也是Long Stay魅力吧！

注4：都心的皇居、明治神宮、新宿御苑等皇室庭園面積358公頃，大片森林綠地有如都市之肺。根據東京都廳統計，東京都整體綠地率高達52.5%，都心也有24.2%（2018年），有12100座大小公園，面積87947平方公里（2022年）。

疫後特別篇／京都依舊在，只是朱顏改

避開熱點，找回古都原貌；
走入小路，伊人還在燈火闌珊處。

世紀疫變大爆發前最後一次旅日，是二〇一八深秋，在瀨戶內海跳島之旅尾聲追楓，去奈良再轉往琵琶湖畔的比叡山下坂本町時，電車來回穿越京都地下，卻過門而不入。

當時有點想浮上去看一眼，看是否別來無恙。但是沒有幾日散策怎能讀她呢？浮上去沾一下，有如打卡，不是我的風格，也就作罷了。旅人總以為，京都會一直是朝發午至的生活日常。卻沒想到，從此多年未能再見。真的，歲月靜好不是偶然，有緣相聚好自珍惜。

就在那年五月，二〇一一年日語班的同學、隨先生外派離日多年的胡桑，聯繫問候說：「我又回到京都市，城市沒什麼改變，但我回來的心境對它竟然有些厭倦。孩子一個接一個上高中，不得不回來。再次拿出地圖重新尋找已模糊的記憶。」

逐漸消失的京町家。

高瀨川水上人家。

討厭古都變易，重新尋找記憶

「回京了，不得不回去？對於許多戀戀京都的人來說，他們不是想京，就是在上京的路上。他們一定難以理解，你這半個京都人，怎麼會厭倦京城呢？

外地人本地人感覺或許不同。思慕的旅人，與做客他鄉的你，是不同一國的……

京都有許多堅持、規矩，才成就它的獨特風景，簡約華麗，耐看耐讀……

融入與接納，在古都更不容易。請享受她的美好，保留自己的空間，找回洛地圖的立足點吧。我這個京都門外漢的想法，不知對不對？也希望這只是你花開花落後的五月病。」我如此回覆。

「多年未上京，去年初夏路過三日駐足，也

討厭人太多了。喜歡古都原貌，深邃寧靜，只能離開大街，去小路找療癒。」我再說。

二〇一七年五月底去北海道前，刻意繞路京都，為了見識一下最熱鬧塞車的四条通，居然縮減車道拓寬人行道，以堵車來解決堵車問題，這是步行城市／京都（歩くまち・京都）願景的初步成果。希望構築「走得很開心的生活」，遊客也能享受散步的魅力。這樣的理想，在街道狹小的古城，實在不容易，他們努力了十幾年才成功。還路於人，歐洲行之有年，台灣才要起步，先行的「京都學」值得學習！

二〇一九年，胡桑又說，京都最近鏟舊蓋新，蓋許多大小飯店迎接明年奧運觀光客，速度可快啊。我說，京都一直在改變中，希望古都的氛圍能夠留存。這些年人太多了，對你們的生活有影響吧？她說，遊客激增對經濟有貢獻，但這兩年旅遊旺季常見「觀光公害」名詞，有交通、噪音、垃圾、闖入住家拍照、老屋改建民宿等問題。

京都六角堂櫻花。

二〇二三春節拜年，她說，有時間記得過來走走，京都多少有些變化了。我是簡直就變化了。我說，大家都變化很大吧，尤其是年齡，歲月流逝，心力也退步。有機會再去走走，畢竟是古都，也是有緣之地。

人滿為患觀光公害，大殺風景

疫前疫後，幾個觀光櫥窗如清水寺周邊、祇園花見小路、嵐山竹林等地人滿為患。更糟糕的是遊客闖入竹林拍照、刻畫「到此一遊」，還有追逐騷擾舞妓藝妓、跳入寺院祈願泉用瓶子接水……無竹令人俗，刻竹又更俗。這類的觀光公害，引發各種勸告警告牌或停辦活動，大殺風景。

古都的挑戰還有，文化富裕卻財政困窘，因稅收少福利好。寺院、學生多，免稅。古城限建等等，稅少。加上地鐵建設虧損，疫情鎖國雪上加霜，負債高達一兆六千億日圓。京都做了不少財政改革避免破產之虞，和遊客有關的是住宿稅、提高景點門票，早年降價待客的公車一日券，也漲價又將停售，連志工日語班上課費也大舉調整。見微知著，可見古都財政的嚴峻。

另外，京風情意象的町家文化，也以一年八百棟的速度流失，有些則被中國大陸等外國富人購入閒置問題，將課徵空屋稅。觀光熱炒高的房價，也讓京都人口外流日本第一。

自私複雜奢望，停格古意婉約的年代

對於京都的變易，總有著自私複雜的情感，奢望她停格在某個年代的古意婉約。從一九八一年首次旅日跟團入京、九四年首次一人旅上京追楓，到二〇〇七開始兩次Long Stay住京遊學，迄今已數不清有多少旅宿京情。三四十年來，從所愛、最愛、躊躇之愛，到疫變可望不可及。

二〇二一年春節前，朋友手機鈴聲響起〈醍醐

京都八坂塔。

寺の鶯〉，箏聲鶯鳴的古琴鈴聲，才又連結起古都的時光隧道，那是京都地鐵東西線發車音樂。我也立刻Google下載成手機鈴聲，ＬＫＫ能這樣思念就夠了！京都Long Stay時，每天從市郊的椥辻站搭車，一站一站聽著它進城，回家時，則聽著〈古都の朝靄〉出城。

走讀京都那麼久仍未入門，覺得京都門檻，深到難窺堂奧。幸好，又淺到門外就能感染美好。

熱鬧喧嘩的二三年坂、四条通等地，就讓給觀光客的京都熱吧！避開熱點、旺季、假日，或選擇清晨、傍晚、郊區，古今轉折的幽微小街小巷、京情緒的禪意靜謐，還等著你相遇。

京都，雖然有心人努力維護保存原貌，畢竟歲月現實催人老。所以，就像有夢待圓，要趁早！希望擁覽古都，也趁早！

京都白川南通櫻花。

第一章

春之卷

京都台勞，超熟宅男

——錯愕與期待中，開始遊戲京都

京都的家。

二〇〇七年八月五日，從大阪關西國際機場搭ＪＲ關空機場特快車「遙」號（ＪＲ関空特急はるか），到達京都車站再轉乘慢車，抵達京都市郊東邊的山科站時，已下午三點多，澄晃晃的太陽，以京都風的熱情相迎。

自年輕當兵之後，首次長期離家出走。拖著沉重的行李前行，迎向語言不通的異國獨居生活，有些許忐忑不安，卻有更多的興奮期待。

我和去日本出差的彥宏，約在車站旁的麥當勞見面，他已經在那裡等著。彥宏不僅租房子幫了大忙，還親自跑一趟日本，陪我和房東見面、簽約，然後在他的舊居、我的新居留宿一晚，帶我快速熟悉環境，進入情況。

偉大的有錢人？享用恐怖廚房！

房東伊藤先生開車來接我們，路上彥宏和他聊著，偶爾聽到似曾相識的日語單字，但串不起來，有聽沒懂。突然彥宏對我說，伊藤桑說你是「偉大（偉い）、有錢人（お金持ち）」。我問：「怎麼說呢？」伊藤說：「這個年紀一個人來念書、有能力出國長住……」我笑說：「不是有錢人，有錢就住大飯店、高級大廈了。只是退休了，做一點有興趣的事而已。因為喜歡京都，又有彥宏與伊藤桑的幫忙，就來了。真是謝謝你們。」

一路上，彥宏介紹著這裡有郵局、那家餐館「卡俗擱有料」等生活情報。車子從稍微熱鬧的幹道轉進寧靜的住宅區不久，京都的家到了。

房子內外的模樣，在彥宏的Mail已看過，實地望著未來的棲身處時，沒有特別新奇，倒有一種舊屋的樸拙溫馨感，但是看到那幾乎是拍案驚奇等級，完全和「乾淨日本」印象相反的廚房、餐廳、浴室時，不禁大叫：「那ㄟ夾泥恐怖！」整個空間髒亂不堪，一堆待清理的東西與垃圾，流理台、瓦斯爐、牆面、地板、浴缸，盡是烏漆抹黑的陳年油污垢。房子已經閒置半年多，前房客沉痾已久，大概伊藤桑好講話，沒有要求「清理戰場」，才留下如此「輝煌戰績」。

伊藤桑致歉說：「你要花不少時間整理囉！可用的東西就留，不用的就按照資源回收日程丟吧！」看到餐廳、廚房那當下，我就知道Long Stay不會無聊了，更確知開始的日子絕對是有聊的！

房租二萬日圓，打燈籠無處找！

託彥宏的福，房租包含水電瓦斯費，伊藤桑才收二萬日圓，而且不用禮金、保證金。伊藤桑也沒要求預付房租，只先收了一個月房租。電話費、網路費自付，加起來一個月不到三萬日圓。一個人住二房二廳兩層樓的「一戸建て（透天厝）」，冰箱、廚具、鍋具、棉被樣樣不缺，空間奢侈，費用低廉，可說打著燈籠無處找。

接著瓦斯公司人員來開通瓦斯，檢測瓦斯管線，說明瓦斯爐、熱水器使用方法與安全，由我操作一次後，要我在檢查表上簽名，手續才完成。房子的基本功能都恢復後，伊藤桑就離開了。

彥宏開始導覽，了解家裡到地鐵站的動線與捷徑，先去腳程十分鐘的小超市，有這家店，吃飯就沒問題了。接著再走七、八分鐘，到最近的地鐵椥辻站，這裡搭車往北邊約十五分可到京都市中心，車站有中型百貨超市與百元店。晚餐後，搭兩站電車到醍醐站，這裡有大購物中心，在此補給了初步生活所需，花一萬三千日圓買一台十四吋小電視機、近萬日圓（含防盜登錄）買一輛自行車，申請了網路連線服務。把電視綁在單車上，兩個人一人騎車一人走路，慢慢晃回家裡。椥辻到醍醐，這三個地鐵站之間的住宅區，就是我旅居京都半年，除了進城上課、漫遊之外，單車巡騎的生活重心。

深諳電子產品的彥宏，回家後馬上組裝設定好電視，在等待一個星期才能接通網路和世界連線之前，先讓我和日本的社會連線。彥宏聊了留學期間的趣事與心路歷程，兩個世代輕鬆地促膝夜談，是傳承也是鼓勵吧。

猛暑中大掃除，「加油！」

隔天早上，彥宏的任務完成離開了，我的實習也結束。他要走時說：「吳大哥，頑張って（加油）！」

是啊，首先要加油的就是除舊布新大作戰，讓房子恢復乾淨宜居。沒想到很少做家事的我，日本遊學的第一堂課卻是家事課。刷刷洗洗，成為最初一、兩個星期的功課。還苦中作樂，做了「整理中」、「營業中」兩個立牌，為自己打氣。

八月是日本的休假大月，學生放暑假，上班族有五到十天不等的盂蘭盆節（お盆假期，略似我們的中元節，是日本人返鄉探親、掃墓祭祖的日子）。我要去上課的兩個日語教室也停課，九月初才開課。提前一個月來，原想悠哉地先預習日語課，那知卻窩在家裡做工當「台勞」了。

認真整理房子時，碰上日本列島酷暑，白天幾乎足不出戶，到傍晚涼快，才穿著短褲、趿著涼鞋，踩著腳踏車出門，上超市採買維生所需，路上涼風習習，是一天中最舒暢的時刻。雖然與鄰居雞犬相聞，卻未曾打照面，無人識無人聞，晝伏夜出，大隱於日，有如宅男，只是這把年紀似乎是超熟宅男了。

廚房除舊布新後「營業中」。

京都的家廚房慘狀。

電視新聞一再報導防範「熱中症」（是中暑啦，不是熱愛中國。因地球暖化，溫帶的日本，迄今每年夏天都苦於熱浪），京都可熱到三十七、八度，十多天只下一點點小雨，雖然難以消暑，聽到雨聲還是驚奇與親切。京都和台北大不同，唯一共同的是都位居盆地，夏天悶熱是有名的。還好濕度較低，早晚大多還算涼爽。

這棟西晒的二樓透天厝，樓上二房只有一台冷氣，大概冷媒沒了，聲音很大但不冷。近午之後，二樓熱不可擋，像個大烤爐，只能呆在一樓，吹電風扇。除了搬入當晚睡二樓外，直到告別此屋為止，和式榻榻米的一樓客廳，就成為起居作息的重心。看電視、做功課、上網、吃飯、睡覺，幾乎全賴在客廳。二樓幾乎閒置，只有晒衣服時會上去一下子，晚上則會把樓梯的燈開著，留一盞燈，告知樓上另有一個空間，也在冷冽的冬夜綻放一點溫馨。

那段期間，去了兩次我女兒大阪的租屋處，度了兩天假，吹冷氣，透透氣。她住大阪市區鬧中取靜，比在京都郊外的我入世。女兒在日本念書四年、工作兩年多，雖然在大商社待遇福利好，但經常加班、工作壓力大，那時已決定開除老闆回台。去她家度假，也順便接收一些她不用的家電。台勞、宅男沒做白工，一番奮鬥後房子大致新生了。網路也連線，好像又和世界接軌了。

拜訪鄰居，跪受小禮

去日本前，彥宏說初到貴寶地，拜訪鄰居送上禮物，是日本人的一種禮貌。幾天觀察後發現，對門是三代同堂人丁旺，左鄰次之，右舍格局和我家相同，人丁少，所以決定把帶來的大盒鳳梨酥、中袋核桃糕、小包綠豆糕，這樣依序送出作為見面禮。

「火熱的」過了一個星期時，寫好日語小抄：「台灣來的吳，初次見面，請多指教。」鼓起勇氣登門拜訪。對門男主人，客氣地收下禮物，說了一些話，我只聽懂「謝謝」兩個字。左鄰沒人在家，吃了兩天閉門羹，有人在家時，卻似乎不願意開門，女主人只透過對講機說著聽不懂的日文，後來勉強開門收下說「謝謝」。右舍的女主人，滿臉笑容跪在玄關受禮，聽說我是台灣來的，興致勃勃地談起棒球，大概是說，她喜歡那個在日本的台灣球星吧，我只會說「嗨、嗨」陪笑。真歹勢，我才來日本要學日文啦！

京都的家，住了半年，或許是語言不通，和鄰居的互動，就這麼一次而已。對門人多，較常打照面，也僅只於點點頭，或問好問早，有一次在門外看煙火，阿嬤跟我講：「綺麗な（真漂亮）！」再下去就雞同鴨講了。左鄰與右舍則很少碰到，有也只是問好而已。

社區祭典，整裝待發的小朋友。

單車專賣店，有車讓Long Stay加分。

在日本拜訪鄰居送見面禮，就這麼一次。後來幾次Long Stay，住的都是公寓大廈套房，送禮就免了，雖然和鄰居碰面會打招呼，偶爾寒暄一、兩句，但熟不起來。

赴日前，原本女兒講好要借我她的新筆記型電腦。但因為她的桌上電腦掛了，只給了六年前的中古筆電充數，這台筆電超蝸牛的，光碟機也不見了，總之和它對話要超有耐心。三個月後回台買了新筆電帶去，那時正是風評不佳的Vista系統，速度稍快但也是慢吞吞的。嗯，真的要慢活、樂活！這不是遊戲京都的憧憬嗎？

首次日本Long Stay從台勞、宅男出發，在京都郊外的老房子過日子，留下滿滿回憶。醍醐站那家購物中心的超市，晚上半價時段擠滿人潮，一家麵包店有別於其他專櫃只是換貼價錢或吆喝著，而是搖著手鈴，昭告天下「半價」囉！這麼多年了，「叮噹……叮噹……叮噹……」的清脆聲音，還在記憶裡的時空迴盪。

住家附近的山科川。

有這家小超市，吃飯就OK了。

日語班的老大

——從小小受傷，到樂在其中。

在京都的家，勤於家事之外，無所事事混了一個月，也該上課了。

我上的是日語基礎班，八月中先在網頁報名，九月三日面試繳費，九月十日開課，分Ａ、Ｂ兩班，面試時老師問：「日文學多久了？」我說：「十幾年前曾學過初級（上）。」她拿一些單字讓我念，大部分都ＯＫ，以為可以編入程度較高的Ｂ班，但她還是建議我從Ａ班開始，有點小小的「受傷」。

覺得可以講幾句日語，也會五十音的平假名，程度有那麼差嗎？還要從頭開始？其實老師英明，她沒看錯人，幾個月後就出糗了（這個後面再表），即使過了這麼多年，我的日文還是「很肉腳」。

這個日語班是京都車站九樓（已搬到地鐵九条站旁）「京都府國際中心（京都府国際センター）日語教室」的課程，每周一、四早上十點十五分到十二點半，一期二十堂課，收費六千日圓。另外，還有

京都日語班七夕活動。

編按：本篇提及的日語學費已有更動。單堂課由五十日圓漲至二百日圓，一期由六千日圓漲至一萬二千日圓。日本各地提供的學習資源，最新的收費標準請參考第五章〈日本Long Stay攻略大全〉

地鐵蹴上站附近「京都市國際交流協會（京都市国際交流協会）日語講座」的課，這裡雖然也有一期十二堂，六千日圓的基礎班（現為一萬兩千日圓），但我只上一堂五十日圓（現為兩百日圓，下同）的志工老師的課。日語志工老師的課程，除周一休館外，每天都有，用功的人（不是我）不怕沒課上。

「留學」不成變「遊學」時，就覺得既然難以取得「學生簽證」，那麼也不一定要上語言學校。語言學校費用貴，學習壓力也不是ＬＫＫ所需（給自己找理由），所以決定運用公益性的語言學習資源（上述的日語教室即是）。日本各地都有這類針對外國人的社團，協助外籍配偶、學生、工作者等學習日語。尤其京都是國際觀光大城，對外國人的支援與資源豐富，日夜都有志工老師的課，或政府社團正式老師的初級課程。像京都市國際交流協會的會館，地點、設備都超讚，那時五十日圓就可上一堂課，真是太棒了！在充滿文化氛圍的古都，既遊又學，值得啦！

五十日圓，就可當ＶＩＰ！

京都市國際交流協會的課，從九月七日開始。這邊的型態是，先在一樓服務台購券，再到三樓日語教室上課。從周二到周日，不管上、下午或晚上，不同時段都有不同的志工群負責，如果每堂都去，可認識不少老師或同學。第一次上課要填寫個人資料，志工老師再依程度分組，每組由一位老師帶領，內容從五十音入門到高級都有，教材由老師影印提供。通常先用十來分鐘時間，介紹一個日本生活、習俗、時事、節令等相關的話題，甚至於練唱一首兒歌後，再分組上課。人多時一組有八、九人，鬧烘烘地，人少時可能一對一上課，很ＶＩＰ！

志工老師以退休人士、家庭主婦為主，也有少數大學生、彈性上班族，整體來說女性居多。學生以外籍配偶、工作者、學生及其配偶為主，像我這種短期遊學的人不多，在京都與札幌，幾年來只碰到了幾人。學生中，中國人較多，其次是韓國與東南亞，台灣算「少數民族」，只比西洋人多一些。

因為每天有課，有些同學會天天來，上午、下午連著上，中午就在會館漂亮的大廳吃便當，大家比較有互動。尤其語言相通的大陸人，雖然年紀比他們大，有幾位還是會和我閒聊，包括私事與對台灣的好奇。馬來西亞華裔的胡桑，和日本先生戀愛結婚，利用兩個小孩上學的空檔來學日語。她認真、客氣、友善，後來一直保持聯絡，成為朋友。

一位越南籍的日本太太CAM LAI，跟我說日語很難啊！很羨慕我們會漢字。其實我們溝通也很難，因為彼此日文都不行，相見無言，大多點點頭，話不多（那是當然的）。不過隔了四年，我再去京都Long Stay，她仍在那裡上課，日語比我好多了，並多了兩位同是越南籍日本太太的伴。因為她們，我

京都市國際交流會館，上課環境一級棒。

京都府國際中心日語班結業時師生合影。

又多認識一位老師——關嗣彥先生，關桑是建築師，退休後勤學中文，想取得正式日語教師資格，也考慮去中國當日語教師。我們中午常一起吃便當，她們把越南小菜、關桑把他做的味噌沙拉和壽司分享給我。我也學到越南話的「謝謝」，發音和台語的「感恩」相似。那是一段愉悅的時光。

還有柴山尚之老師邀稿，我寫了「京都Long Stay幸せな暮らし」（幸福的生活），經他修正刊登協會的部落格，又將送他的本書，閱後轉給協會圖書室收藏，也是遊學後的收穫。

京都市國際交流協會的日語班，是一堂一堂隨你自由參加。而京都府國際中心日語教室的上課型態則完全不同。一期二十堂課，由兩位正式日語教師負責，一主講一助教，教材與進度緊實，要交作業，要求出席率，會發給結業證書。這一班同學很特別，男女老少都有。兩位中國來的國中生，一位是媽媽再婚，嫁日本人；一位是父母在日工作，兩人希望隔年春天能入學。其他還有在日工作的英國電腦工程師、先生來日本大學教書的美國太太、娶日本太太的法國人、先生派駐日本的澳洲太太、嫁到日本幾個月的菲律賓婦人，以及兩位在管弦樂團工作的義法（忘了哪國人）情侶。

澳洲太太好像先生調職，沒來幾次就離開了。菲律賓婦人每次上課後，總訴說先生對她不好，把她當傭人，想離婚回國。美國太太與同學會聽她發牢騷、安慰她，她斷斷續續上課一陣子後就沒再來了。電腦工程師上課常「唉唉叫」說日語太難了，他念不下去，不過總算有始有終結業了。最用功的是兩位國中生與年輕的美國太太Renee。

卿卿我我的樂團情侶，男生Ondrej較忙常缺課，女生Carol較勤快出席，和大家打成一片。Ondrej是作曲兼指揮，Carol是中提琴手，日語班結業後，這對帥哥美女還Mail邀大家，參加一場由關西日法交流會館主辦的小型古典音樂會，聆賞他們的演出。十二月初的寒夜，高台寺旁月真院，古樸的東方氛圍裡，細訴著西方的心語。同學只有我到場，老師倒來了三位，雖然「鴨仔聽雷」，還是暖烘烘地，覺得自己「好有氣質」。歸途寒夜瑟瑟，踽踽走在燈火闌珊的名所「寧寧之道（ねねの道）」石塀小路時，有點了解「富過三代才懂吃穿生活」的道理。這麼多年了，不知這對有情人是否終成眷屬。

札幌日語班居然「無料」！

幾年後去札幌，那邊的日語班資源，沒有京都那麼豐富。其實「有」就要感謝了，何況那裡連「五十日圓」都免了，全部「免費（無料）」。最主要的是「日語志工教室——『窗』（日本語ボランティア窓）」，設在札幌留學生交流中心（札幌留学生交流センター），每周二、四、六下午上課。「窗」採現場登記，先到先上，一對一教學，人多老師少時要等候，或者兩、三

京都國際交流會館日語班。

札幌的志工老師，為回國的學生餞行。

人一組，老師多時也可連上兩堂課。另外「窗」的志工老師川端悠紀子等人，每周三下午，在ＭＮ大廈三樓的札幌國際ＰＬＡＺＡ也有「大家說日語（レッツトーク）」的會話。

ＭＮ大廈六樓的J.WORKS，周六下午也有教學與會話課，課程內含遊戲，活潑有趣。還有台灣留學生社團：「台灣─札幌百合會（台湾─札幌百合の会）」，一個月兩個周日下午，在札幌留學生交流中心聚會，教日本人國、台語，介紹台灣的點點滴滴，也是學習日語的好機會。

異國婚姻──多少笑淚雲煙

札幌上課的學生，和京都大同小異，各國都有，但因地緣關係，有不少俄國、蒙古人。除了上班族、留學生之外，也是以外籍配偶居多，其中又以中國東北的比例較高。不管京都或札幌，這些異國夫妻有年輕伴侶，也有年紀懸殊的，異文化的磨合自是挑戰，難以超越的無奈與跨過的幸福，多少的心路歷程，總會在閒談中散發出來。有中國夫妻檔，先生在中華料理店工作，祈求別失去工作簽證，太太把一歲幼兒送公立托兒所，來勤學日語，期盼早日去打工，一心想全家留在日本。或許家家有本難念的經，外人只能祝福。

跟有著不同奮鬥目標的同學相比，我這種成績普通，四處遊蕩、混混的老學生，可是幸福的稀有動物。除了部分老師年紀相當或大一點之外，同學多比我年輕許多，只有在札幌相遇，來自台南在教會當傳道人的顏先生，年紀相近。所以我是日語班的「老大」。哈哈，年紀最大！

京都大學應考記

——「上京趕考」，不知熊或虎，好大的膽子！

去京都Long Stay前，給自己定了一個目標，既然去學日語，就在那裡參加日本語能力測驗，而且希望過關。結果目標「太偉大」了，只達成一半。一半？其實就是鎩羽而歸。

那時日語能力測驗分四級，一年舉辦一次（現在分五級，一年兩次）。四級是最簡單的，但我自不量力，越級考三級日語檢定。因為看了考古題，覺得三級漢字比四級多，對懂漢字的我們而言，自認是個利多，所以想直接挑戰三級。而我從無語言檢定的經驗，不知熊或虎，真是初生之犢，好大的膽子！

日語檢定在九月報名，十二月考試。花了一番工夫在書

日本最古早的學生宿舍「吉田寮」（1913年）。

上京趕考的考生。

局買到報名表，影印護照、填寫資料、郵局匯款，共花費六千五百日圓，趕在截止日寄出。我在〈日語班的老大〉中曾提到，去日語班面試時，被老師編入初級的Ａ班，從五十音複習學起，有一點小小的受傷。因此填表時也曾猶豫著考三級還是四級？卻樂觀地想說到考試時還能努力三個月，大概ＯＫ吧！哈哈，太高估自己了，所以我才說老師「英明」。

不夠「一生懸命」，要及格想得美

為了考試，老留學生是有努力，但不夠努力。雖有課就上，但下課常當「遊民」。幾個月後，日語是有些進步，但文法、聽力難以突破。這跟不夠「一生懸命（全力以赴）」有關，也跟年齡有關，學習力、記憶

吉田寮銀杏道。

力不行了。真的任何事情都要趁年輕！

十一月初收到准考證，在那麼多考場中，竟被分配到百年名校京都大學應考，雖然不是去考京大（下輩子吧），也覺得很幸運。京都大學在亞洲、日本排名第二，僅次於東京大學，以自由的學風、學生運動聞名於世，孕育出十一位位諾貝爾獎校友、教授，四位日本文學大獎芥川賞得主，兩位日本首相等名人巨擘。京大和台灣淵源也頗深，杜聰明（台灣首位醫學博士）、雷震（台灣民主運動先驅）、李登輝前總統、謝長廷等，都是這裡的學生。

考試那天，從住處椥辻站坐地鐵到東山站，再擠公車到京大，感覺好像另類「上京趕考」。京大校門口，立著些學生各種訴求的宣傳看板，似乎印證其學風的自由。也有人發傳單，原來是法輪功的媒體「九評共產黨」，因為考生中有不少是在日的中國學生與工作者。

考生以年輕人、東方人居多，因此華語聲此起彼落。鄰座一名中國女生就和別人聊著，她在琵琶湖那邊的飯店上班。考場內，我這種年紀算是稀有動物，獨來獨往，淡定無語的臨時抱佛腳。天氣很冷，午餐找個冬陽眷顧的階梯坐下，喝著保溫瓶的熱開水，享用簡單的麵包乾糧。三堂測驗下來，一半以上的試題都不會，不懂的就用猜的解答。聽力更是一塌糊塗，考堂上放的CD，男女主角悅耳的聲音迴盪，聽得懂他們「講日語」，但大多聽不懂他們「講什麼」。當時想，沒過關是正常的，如果過關則是運氣好（想得美），反正當作一種經驗。

京大實在太大了，共有三個校區，考場在吉田校區，是七個區塊中的一小部分。考完後小逛一番，除了京大象徵的建築：「時計台紀念館」、造型很酷的「京都大學法學部・經濟學部本館」等等外，也喜歡那些充滿歲月痕跡，古舊樸實的校舍，有的甚至於有頹廢破敗感，如著名的百年宿舍——「吉田寮」、「吉田寮食堂」旁的銀杏道周邊等。只是隨興漫步，即可幸福地感受到百年名校的優美與自由氛圍。教育，大概是人類最美好的事業吧！下午兩點考完試後，一直晃到快要日落西山，足足當了一天的「京大生[1]」，才意猶未盡地打道回府。

這是我遊學生活的標準模式，下課、沒課時就是壓馬路，有時刻意尋幽訪勝，有時亂逛漫無目標，最後是吃飯充電或上超市備糧。那時住郊區椥辻，難以騎單車進城（太遠還要爬山，無法度啊），若上午去京都車站的日語班上課，就會買地鐵一日券（六百日圓，因為來回車費要六百二，現為八百日圓），下午再去蹴上站的日語班上課，下課還可用此券趴趴走，絕不浪費。後來再去京都時改住市中心，去札幌也住市區，單車壓馬路，更成為每天的功課。

愛玩！好學？語言交換學習「碰壁」

當然，愛玩之外也很「好學啦」（噁）。京都國際交流協會日語班下課後，有些熱心的志工老師——辻本道男、川畑秀昭等，還會在大廳教學生，我也忍著遊興去旁聽，儘量把握任何日語交流的機會。初識川畑先生時，他就曾熱情地買票招待我觀賞美術展，我回報小禮，他又回禮，實在多禮。川畑先生不會E-mail，但每年都會寄來賀年卡。

除了上課，也和想學華語的日本人做過「語言交換」。京都國際交流協會的布告欄，會張貼徵求交換各國語言學習的啟事，曾E-mail聯絡幾個人（我會誠實告知年齡），一位男性上班族說別人已捷足先登「有機會再聯絡」、一位女性日語教師說：「不做短期的交流」，但也有人回信說：「一定要見面聊聊」，歷經耶誕、新年，好不容易敲定時間，卻因祖父過世爽約。十月下旬聯絡，等到十二月中才回信的清水妙子小姐，是唯一見面兩次互相學習者。清水桑上料理專門學校，在餐廳打工忙，多次約了又取消。後來繼續保持聯絡，我數度去京都，以及她以交換學生來台中半年，彼此又見面多次。喜歡與華人為友的清水桑，現在的中文程度，已非昔日吳下阿蒙。

去札幌時，上網徵求「語言交換」，有兩人聯絡。一個是英文信，說要和我作朋友，若我回她信，要寄照片給我（這要幹嘛呢？）。一個是在台灣念中文的志上，盼以ＭＳＮ對談，我說習慣用ＳＫＹＰＥ，他馬上登記ＳＫＹＰＥ，他打來時剛好不在，後來我回撥都沒接，大概覺得我慢吞吞而打退堂鼓。如果連上線了，他去台灣我來日本，卻在空中相互學習彼此的母語，那也真的很妙。

另外從札幌國際ＰＬＡＺＡ布告欄的啟事，聯絡上佐藤小姐，和她只見了一次面，E-mail往返幾次

注１：日本人聽到「京大生」通常會「肅然起敬」。自由的學風，豐富的設備，自主的空間，二十四小時的自習室等是其特色。日本人愛比較東大生（東京大學）與京大生差異，而有東大尋求秀才，京大尋求天才的說法。京大也被譽為日本諾貝爾獎搖籃，至今有十一位師生獲獎，東大則有五位。

彼此訂正中、日文，而後不了了之。日本人學中文，以簡體字為主，和我們的語法有差異，還記得她問：「哭鼻子（哭泣）」，我說台灣很少用。繁、簡體字與用語的不同，對他們來說也是無所適從。我也曾在布告欄貼文，徵求言語交換，但石沈大海。幾次Long Stay，語言交換學習幾乎碰壁，大概是年紀不具吸引力（是嗎？苦笑）。

吹噓幾個「用功讀書」的場景後，話題再回到京都大學的日本語能力測驗。九月開始牙牙學語複習，十二月就想上小學；才在爬就想飛，當然鎩羽而歸，不但失敗，而且慘敗！三級日檢滿分四百分，二百四十分及格，我只拿一百五十五分；聽力部分滿分一百，只得二十二分（差一點下殺一折）。

隔年（二〇〇八）年初回台後，日語又還給老師了。直到〇九年夏天去日語補習班從頭學起，年底在台灣考日檢四級合格，隔年使盡力氣終於雪恥，三級勉強擠進及格邊緣。後來再攻二級過不了關，自知很難「搞得過」那些文法，就放棄了。現在日檢已改成五級，聽說二級比以前更難。反正已經做了一日「京大生」，考京大等來世？學日語就當休閒娛樂囉！

京大象徵的鐘樓（時計台與樟樹）。

百年名校的自由氛圍。

單車失竊記，警官送回來

——報案先做功課！語言不通有特權？

在日本沒有單車，就好像沒有腳。因為交通費貴，而且不見得到處可行、方便自在，所以自行車是都會短程交通的利器。超商與百元店大多有週邊商品，可見單車如同民生必需品。

剛到京都時買來代步的新單車，卻在騎了一個多月後被偷了！當下真是苦瓜臉糾結難解。

離家最近的地鐵椥辻站，走路約十五分鐘，騎單車當然快多了。上課時，先把單車停在地鐵站旁百貨超市的「單車、機車停車場（駐輪場）」，搭地鐵進城到京都市中心。回家時，先在此超市或離家較近的小超市購物，再打道回府滿足口腹之欲。沒上課時，會去更遠的醍醐站購物中心超市消費，或者到山科川的河堤、很遠的山科站附近漫遊。所以，除非下雨天，全都依賴這輛單車趴趴走。

那天衝到地鐵站進城上課，匆匆忙忙忘了上鎖，回來時在停車場，怎麼找也不見單車蹤影，心知不妙，大概被順手牽羊了！有一次停在醍醐站購物中心停車場，出來時也找不到車子，那裡有管理員，一問才知被移到別的位置去了，他說我停的地方不對。上次有驚無險，這次真的不見了。當時天色已黑，踽踽獨行回家，有些沮喪。

買車時有加購「防盜登錄（防犯登録）」，我想隔天該去報警找找看，但「腳踏車被偷」怎麼說也不知道，從網頁與課本查了一下，小偷是「泥棒」、被偷是「盗まれます」，先把報案內容「拼裝一下」，明天再請老師幫忙修改。

第二天早上下課後，請老師訂正為「我的自行車被偷了（私の自転車を盗まれました）」。老師說，單車失竊的案子不少，運氣好的話找得回來，也有可能從此「拜拜」了。

「警察官立寄所」，不是派出所

回到椥辻站時，心想附近應有派出所卻找不到，記得車站對面巷內，有看過「警察官立寄所」的牌子，走過去一看實在不像警局，倒像間公司。因為有人在，於是硬著頭皮詢問：「這裡是『派出所（交番）』嗎？」那人說不是，並熱心拿出地圖指引「車站東南邊，有派出所」，他說街道上的地圖告示牌也有標示，可以按圖索驥。（後來才知「警察官

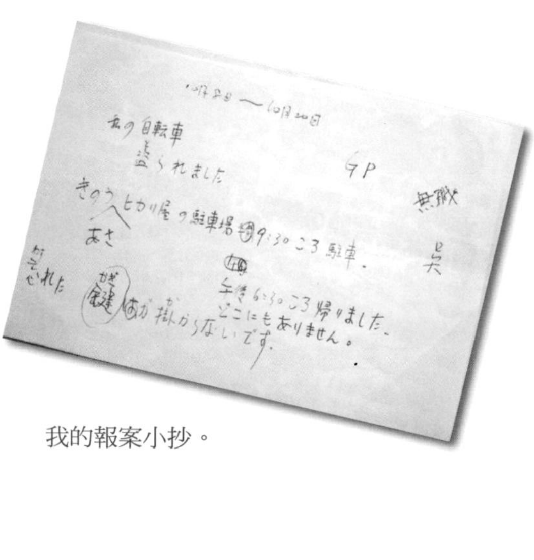

我的報案小抄。

警察官立寄所。

立寄所」，是「警察加強巡邏點」的意思，有些超商、銀行門口也掛有這種牌子，哈哈！）

按著圖示去找，才發現「山科警察署椥辻交番」，就在地鐵站回家路線上拐個彎的地方。把報案內容的紙條給警察看，加上簡單的口頭說明（已先練習），他問我「車子有沒有上鎖」，我說「忘了」，他說「那樣最容易被偷」。然後填寫報案單，除了護照的資料與現在地址、電話，又填上「防盜登錄」上的號碼，完成報案程序，盡人事之後就看運氣了。

沒車的日子，每天安步當車，只局限在椥辻站與家裡之間活動。遠處去不了，實在很麻煩。因為沒有車籃可負重，買東西也受限，背個背包走路，雙手又提重物的話，也不好受。

戀戀有車的日子，一天一天過去，卻全無車子的音信。再買一輛新車，有些不甘心，如果找回來時也麻煩。考慮買中古的，但附近找不著這種車店，在國際交流協會的布告欄，倒是偶有留學生或外籍工作者回國轉讓單車的告示，只是有的車種不合（太高檔、太炫了，不適合老者，也易遭竊），況且市區與住家山科這邊隔著山，騎回來也不容易，而遲遲下不了手。

單車失竊一個月過去了，有一天突然接到一通電話。有人用英文拼音唸著我中文的姓名，接著說一些我聽不懂的日語（其實是告知單車找到了），我問：「是宅急便（宅配）嗎？」他說：「不是。」，他又說：「山科警察署（這日語我聽得懂）」，我說：「很近啊」（走路五分鐘可到警察署）。我以為宅配或送貨員，在問地址怎麼走、靠近哪裡？（其實是，要我去警察署領回單車）

嗨！嗨！雞同鴨講，南轅北轍

日語還在幼稚園程度，鴨子聽雷有聽沒懂，還「嗨、嗨」，真是笑話連篇。介紹我租屋的彥宏，因為我住這裡，有時會請網上購物者，把退貨寄到這邊來，所以以為打電話來的警官，是宅配送貨前先確認有人在家，順便問一下「是否在警察署附近」。真是雞同鴨講，南轅北轍！

等了半個多小時，不見來人，正在納悶時，電話又響了。是剛才那位先生的聲音，大概他也等了老半天，納悶不見我上門？這回他在「山科警察署」之外加了「警察官」（這三個字日語也聽得懂），我一驚，耶！警官找我，怎麼啦？他用很慢的日語說：「吳さん，家で待ってください（吳先生，請在家裡等候）」，並把「家で（在家）」、「待ってください（請等候）」拆開說，確認我聽懂後才掛電話。

十分鐘後，這便衣警官來按門鈴，牽來久別的腳踏車，才知道原來是單車回家了！警官笑著說，車子被騎到區公所那邊棄置一段時間，清查發現是報竊的車輛。他說車子沒上鎖，很容易被

報案的派出所。

少年混混騎走，以後請注意。除了在結案的表單上簽名，也查看了護照，又問了房東的名字。警官很好奇我一人住這裡，我說退休了來玩，並學學日語。他笑一笑說：「請加油」，大概想起了剛才彼此「霧煞煞」的對話吧！也可能語言不通，我才有特權，他必須「服務到家」吧？

一再「阿里卡多」道謝，送警官出門後，趕緊察看失而復得的愛車，大致完好無恙，立即為它歷劫歸來攝影留念。有了單車，又恢復了有翅膀可遨翔的生活。讚！

事過境遷，一直想不通，為什麼警官的電話中，沒有出現「自転車」這個單字，如果有應該聽得懂，並聯想到「是啥咪代誌」。日語比較長進後，才知道自行車在日文不只「自転車」這個講法，還有「サイクル、ちゃりんこ、ちゃり」等說法。當時警官一定不是「自転車」這一國的，所以我和他就「不來電」了！

單車失而復得之日，趕快拍照留念。

極致簡單・戀戀京都

——去京都不需要理由，強說理

在地鐵車廂內閉目養神，時而瞄一下站名顯示字幕。對面兩個女生，好像一直望著我？自作多情嗎？她們手上拿著本子與筆，不時地看過來，不知塗寫些什麼。後來似乎知道被發現了，還對我微笑。

等她們下車時，我跟著下車在月台叫住她們，指著本子說：「對不起，可以看一下嗎？」。這兩位京都造形藝大的學生，好像動漫裡綳出來的人物，笑得很開心，原來我被當模特兒「偷描」了。素描簿上，我是打盹恍神的旅人，拍了照互道再見後，繼續彼此的旅程。

去賞楓名刹真如堂獵楓時，遇見獨自獵影的和服女性款款而行，纖纖溫婉之姿，猶如古代嬉秋仕女，更添古寺風華

把我當模特兒的藝大學生。

被偷描的我。

之美。亦步亦趨跟拍、偷拍，被察覺了，她索性請我幫忙拍照。當時日文還難啟口，只留下幾幅倩影，沒有交談就掰掰了。

被人「偷描」，也「偷拍」人，是在京都當「遊民」樂趣之一。除了上課，四處遊蕩，也是我的功課。別說浸淫豐富的精神資產，京都可以參訪的有形歷史資產也極為可觀，如市區與周邊就有十七處世界文化遺產，若再加上奈良的八處，共二十五處。光是世界遺產的巡禮即目不暇給，更別提皇宮、庭園與兩千座寺院神社等勝景。

水之都

若說以寺廟為主的世界級大景，看多了也會膩，況且門票所費不貲，那麼欣賞小景如何？京都是三面環山的盆地，頗富山川之美，有「山紫

被我跟拍的這名女子。

水明」之譽，特別是水孕育了京都，被稱為「水之都」。鴨川、桂川、宇治川三大水系，及其支流白川、高瀨川、濠川、山科川、琵琶湖引水渠道（疏水）等環繞流轉。豐饒的水脈滋養澤被京都，至今仍有許多名水湧泉，隨處可見小橋流水人家光景，更造就茶道、友禪染、西陣織、京料理、湯豆腐料理、豆皮料理（湯葉）、京菓子、伏見酒等獨特的文化、飲食生活。

水是京都的生活、文化、產業、風景。在京都若不知道要做什麼、看什麼時（哈，應該不會），只要走到青青河畔，心情自能舒暢撫慰。即使最熱鬧喧嘩的四条河原町，轉身倚著四条大橋眺望鴨川，也覺得一切變得寧靜安穩。鴨川河床步道，散步、騎車、慢跑、溜狗的人不少，鴨、鷺等野鳥優游覓食，愈上游愈開闊靜謐，丸太町橋以北的鴨川公園，更是野餐休憩好去處，山明水秀，人們臉上洋溢著幸福感。

京都白川北通行者橋。

川床、京風情、京情緒、京之夜

以中國古長安、洛陽格局為本興建的京都，現在仍分洛中、洛東、洛北、洛西和洛南幾個區塊。洛中「鴨川納涼床」、洛北「貴船川床」，上百間餐廳、茶館，搭在河邊的觀景座席，擁覽山水溪谷，是京都夏天特有的風物詩。貴船川從鞍馬口走到貴船神社這段路，清流潺潺柳杉挺拔，依山傍水好踏青，是日本「水源森林百選（水源の森百選）」之一。貴船與鞍馬寺之間，有林木蒼鬱的登山古道相連，如果走訪兩個景點，一趟山徑一趟河岸，樂山樂水兼可得。

祇園附近白川南通（通，意為路、街），沿著白川至巽橋的石板路（坂道），青柳白櫻紅葉掩映，細緻風雅的傳統「京町家」建築料亭、茶屋櫛比鱗次，可見藝妓來往身影，瀰漫著思古幽情。比起車水馬龍、吵雜的祇園花見小路通，這裡更有「京風情」。知恩院附近的白川北通，河岸青青柳色新，渡河的細小石橋（行者橋），只容一人驚驚過，雖少了南通的「京情緒」，也有不同的風情。

與鴨川平行的高瀨川，原為江戶時代開鑿，連接洛中至洛南伏見的運河，現為水影花影交織的賞櫻名所。高瀨川沿岸的木屋町通，北端源自二条通，居酒屋、咖啡屋，老舖新店林立，和洋氛圍兼容，安藤忠雄早期作品的水岸商場TIME' S也在這裡。

白川南通的「京風情」。

高瀨川三条通到四条通之間，充滿熱鬧繁華氣息，是京都夜生活的重心，狹小石板路的先斗町通則滿溢京風，是與花見小路通齊名的花街。四条通到五条通之間轉為寧靜懷舊氛圍，町家旅館、高級料亭、幽雅宅邸錯落，人車稀疏水綠交融，騎車散步都是一大享受。在京都市區，想享受靜寂的「京之夜」，這一段路與寧寧之道、白川南通等是近便的好去處。

京風景、京美人

另外，京都有名的步道，除了擁有傳統建築聚落、石板路風情，洛東的東山步道（三年坂、二年坂、八坂通、石塀小路、寧寧之道）之外，「日本之道百選」的哲學之道，以及洛西平安時代貴族別墅區的嵐山步道，也因有秀麗水景，益添浪漫閒適之情。

水孕育「京風景」，也孕育了「京美人」。日本有「東男京女（東男に京女）」的諺語，意指嫁東京男、娶京都女卡好或適配。優美的京都女性，被認為是理想的日本女性。說到京美人的象徵，當然是魅麗的舞妓。那是幾百年不變的京風景，她們的存在給人許多魅惑憧憬。京都如果少了舞妓，一定花容失色。

千年川流不息，哺育出京都的人與文化。源遠流長的風物景觀，至今能夠親炙，實在難得。不管你「入洛」得到喜悅沉靜，或只是進入古電影場景的新奇，都要感佩京都人的毅力。

守護傳統的價值生活與美學，要付出極大的心血與代價！特別是木造建築多，地震與防火都是大考驗。四、五萬間逾百年、二百年歷史的京町家建築，雖被認真地保存與再造，每年仍約有一千間消失。

再生的京町家，成為民宿、餐廳、咖啡店等，值得去探訪品味。想看市區的京町家群落，除前述的祇園、先斗町、東山步道一帶外，京阪電車清水五条站附近的宮川町通，是遊客較少，可悠閒漫步的京風景。

在京都，仰望大景，享受小景，各有樂趣。所謂名所的大景點，旺季遊人如織，往往少了原味。如嵐山渡月橋，人多時走路也難，名字雖美，只宜遠觀。如清水寺參道攢動人龍與和服變裝的男女、東福寺與永觀堂賞楓的「人來瘋」等等，「人景」不輸「風景」。不過皇宮（京都御所）雖大，卻不失寧靜。二年坂下方的八坂之塔（法観寺），雖不像東寺五重塔那麼有名，卻不容錯過，從八坂通東邊俯瞰或西邊仰望，不同的角度都漂浮著濃郁的京風情。這裡也是容易與舞妓、變裝舞妓邂逅之

南禪寺天授庵楓情。

處。從高台寺停車場俯瞰京都市區，近處八坂塔、遠方京都塔古今交會，完全是古都映象的勝景，尤其夕陽西下時分更美。

在京都，即使傻瓜相機也變聰明。拍得好壞另當別論，就算不進名所，光是四處遊走，眼睛與鏡頭都不會閒著。如京町家的木格子、雅致人家的庭園、老舖的京菓子與醬菜、錦市場的京都食材，如哲學之道釣魚的小熊玩偶、寺院屋簷的一抹櫻語楓采，或名叫「服裝病院」的招牌。京都許多老舖的招牌與門簾，展現著榮譽與多樣風貌，也是刻畫著歷史的臉譜。

京都的音風景

在京都，風景不只能看也能聽，穿越歷史的「京都的音風景」，好似古城的交響曲持續

紅葉飄零，水亦有情。

迴盪著。如大小河川的水聲、寺院暮鼓晨鐘與誦經聲、踩在町家或寺院木地板的聲音、祇園祭的伴奏樂聲（お囃子）、舞妓木屐走路的「叩酷叩酷」聲、駛過百年的嵐電路面電車與平交道的聲響等。

還有京都兩條地鐵之一，較新的東西線，也有四首超京風、很有Ｆｕ的發車音樂[1]，分別是〈古都的朝霧（古都の朝霧）〉、〈醍醐寺的鶯（醍醐寺の鶯）〉、〈春天來了（春開き）〉、〈詩仙堂的添水（詩仙堂猪脅し）[2]〉。我最喜歡往二条、太秦天神川方向的〈醍醐寺的鶯〉，在現代化的地下月台，箏聲鶯鳴的古曲，不時地連結時光隧道，告知這裡是京都、京都。

京都是人與自然、人與歷史融合的城市，很適合漫步佇足，騎乘單車恣意穿梭。京都限建高樓[3]，樹木多、樓房少空氣清新，滿眼翠綠藍天

町家小徑。

白雲。春、秋最宜閒散度日；夏天太熱，不輸台北，但濕度較低；冬天太冷，然有枯寂之美。京都是個有氧城市，我走很多路，卻覺得神清氣爽，在台北則沒這個能耐。

這裡有看不完的古剎、看不完的長牆、看不完的世界文化遺產、走不完的坂道。千年醞釀的風味，耐品耐酌。千年刻畫的痕跡，耐看耐讀。古樸、幽玄、華麗、細緻、寂靜、安逸、內斂、簡約。京都有著古老日本與東方的究極品味、淡泊寧靜。在古今交錯中，在寺院庭園內，在町家小徑裡，每個轉折顧盼回首，京都安於尋覓自我。

眷戀京都的風景，著迷京都的意境，既出世又入世，既古代又現代，既都市又鄉村，既進步又樂活，既極致又簡單。京都旅次，紙筆、鏡頭、眼睛，只能捕捉些許圖文、影像、記憶。在時空的蒼穹，即使是擷取幾抹星光，也足堪回味。

有人說，去京都不要說理由。朋友說，京都太深奧了，但很想好好去享受古都的文化氣息。我說，京都的深奧，可以身讀，也可淺嘗。而我只在門外看熱鬧，流連亦古亦今的氛圍，即充滿了小確幸。

注1：京都地鐵發車音樂線上聽　http://www.city.kyoto.jp/kotsu/tikadia/guide/sound_signal.htm

注2：「猪脅し」（しかおとし）是一種注水裝置。引水注入竹筒中，待水滿到流出後，竹筒就會回倒並發出「叩」聲。本來是設在田野間，用來嚇走鳥獸的注水裝置，後來成為日本庭院中常見的造景裝飾。又寫作「鹿威し」、「獅脅し」（ししおとし）。

注3：二〇〇七年京都立法，規定市內大樓不准蓋超過十層樓，已超高者改建時須降低，並全面禁止屋頂招牌和霓虹燈、走馬燈招牌。此外，在世界遺產周邊的建築物須加蓋和風的傾斜屋頂。

舞妓倩影。

京都，一期一會

——每次相遇，都是唯一的一次

說到日本，許多外國人會想到京都。

京都用心、驕傲地保存傳統之美，人口不到一百五十萬，一年卻吸引近五千萬遊客。其中逾八十萬外國遊客會在京都住宿，原以歐美人居多、台灣第二，韓國、中國次之；二〇一一年三一一大地震後，變成台灣第一，美國第二[1]。京都的魅力，除本身的寶藏外，還有那份待客的心意。就像日本東京爭取二〇二〇奧運主辦權時，強調「賓至如歸／熱誠款待（おもてなし）」的訴求。在京都更能感受，他們以客為尊的誠意。

京都市對觀光客的友善貼心，在我二十年前首次去自助時，便從公車到站顯示系統中深刻體會到。一九九七年通車的京都地下鐵東西線，與街道地圖標示等，都陸續以日、英、中（簡體）、韓文並列。近年來外國遊客多的公車路線，如急行一〇〇、一〇一、一〇二等，車上站名顯示與播音也是四種語文[2]。一一九消防急救報警電話，在二〇一三年又啟用英、中、韓、西、葡五種語言同步翻譯系統，外國遊客要求助，講母語嘛也通。二〇一四年日本提高消費稅，許多交通票券漲價之際，本來就很實惠的京都市公車一日券，不但納入私營的京都巴士路線，改為「巴士一日乘車券（バス一日券）」，搭車範圍

大藪阿嬤做的楓葉水羊羹。

也從市區擴大到部分市郊，售價仍為五百日圓（現為七百並將停售）。

京都也針對長住的外國人、留學生及其子女，建立多語言志工服務系統，盡心地支援與相互交流。我去上日語課的國際交流協會，提供多種語言的*LIFE IN KYOTO*雙月刊與舉辦各式各樣的活動。我參與了其中輕鬆有趣的茶道體驗（お茶会）、和服變裝體驗（着物変身）、國際交流園遊會（Kokoka OPEN DAY）的日語咖啡店（日本語Café，志工老師賣咖啡，學生聊是非）等活動。

交流協會的「京都導覽俱樂部（京都案內俱樂部）」，會舉辦一日小旅行，我參加過妙心寺坐禪體驗、伏見濠川散步與酒窖巡禮、吉田山郊遊、參觀時代祭等。這些活動除車資外大多免費，因為贊助者與志工的付出，才能獨厚外國人吧！日本人待客總是很花心思，而京都人更是其中的佼佼者。

「一期一會」，珍惜每次相遇

源自京都的茶道有句諺語：「一期一會」，意指把每次的相遇，都視為唯一的一次珍惜。許多京都人都用這樣的心對待客人。我去國際交流協會上課，更備受赤松環、拜師照代等志工老師照顧，還有第一天遇到的大薮俊一，他當時也是京都導覽俱樂部的負責人，既上他的日語課，又接受他的導覽，留下許多回憶。我們一直保持聯絡，第二次去京都Long Stay時，已經退休又被松下電器（Panasonic）延攬去德國的大薮老師，正好回國度假，邀我去他家裡晚餐。飯後因需與德國同事視訊會議，就請太太導覽祇園祭的宵山部分。雖然聽不太懂祭典的解說，仍然感受老師夫婦的誠意。

大藪老師夫婦與母親，後來曾來台旅遊。八十七歲的大藪媽媽，是健康開朗的刺繡老師，獨居於下鴨神社附近一棟七、八十年的老屋，邀我再去京都時去她家玩。二〇一三年深秋，在那精緻、典雅又寬敞的庭園木屋，讓阿嬤熱情款待。她說庭院的楓葉正紅，好像在迎接你。阿嬤摘取楓葉，墊在自製的水羊羹上，請媳婦示範抹茶道奉茶，真是視覺與味蕾雙重享受。我帶去阿嬤愛吃的烏魚子與鳳梨酥，她的回禮是耶誕樹刺繡作品，與一盒紅葉、銀杏、松茸等花形的傳統和菓子。大藪阿嬤用順應季節時令的心意待客，似乎傳遞著京都人極致、簡單、優雅的生活態度。

去阿嬤家時，大藪老師本想開車載我，但我想拜訪後去別處漫遊，所以決定騎單車。老師給了地址、畫了地圖，告知大馬路看到某家餐廳時，要轉入巷弄。我覺得沒問題，約好三十分鐘後阿嬤家見，但我貪玩、拍照又走錯路，一個小時後才到了指標的餐廳，沒想到師母竟在那裡等著！原來老師夫婦為引導我，輪流在路口癡癡地等了半個小時，真不好意思。我感受到大藪老師一家人的細膩、周到。

「一期一會」的精神，簡單即幸福的哲理，讓京都的一切，是那麼簡約又極致，那麼平淡又絢麗。京都的生活品味，影響整個日本與世界。京都的堅持、深度，也孕育出講究禮數、規矩，甚至有優越感的京都人。日本有不少京都人特質的研究，認為京都人難以捉摸相處。京都人被揶揄，也揶揄人。京都vs.東京＝龜毛vs.粗俗，這樣說或許太簡化古都與各大城的微妙差異，但京都人的傲骨不是沒有原因的。

注１：京都市政府二〇一二年統計資料。

注２：日本的車站等交通指標，在二〇〇二年舉辦世足賽後，多已標示日、英、中（簡體）、韓文四種語文。

「京都學」熱潮

歷史脈絡上，京都就是日本傳統與創新的更迭者，老的如押壽司、茶道這般的食文化，浮世繪、歌舞伎等藝術，新的好比日本電影、任天堂電玩、服裝時尚等都源自京都。京都既是日本藝術文化的發源地，也是科學研究重鎮。京都擁有逾二百家博物館，設立日本第一家漫畫博物館（京都国際マンガミュージアム），設有三十七所大學，是日本最大的大學城。京都既懂得堅持，也勇於改變。

「京都」本身就是一門學問，不僅有「京都檢定」的考試，發給一至三級的證照，居然還連續辦了十幾年，考場考區一直擴大，也在東京設置考區，可見「京都學」的熱潮。

京都是一本耐人咀嚼品味的巨著，等著人們探索「一期一會」的真諦。

※京都以快樂步行的城市（歩くまち・京都）為目標，二〇一五年將最熱鬧的四条通四線車道縮減為兩線，成功地用堵車來處理塞車問題，也是進步的京都學吧。

四条通縮減車道堵車。

大藪阿嬤家外觀。

煙雨濛濛、春櫻秋楓話京都

——古都的視覺饗宴，不只是風景，更是意境；離開大街，小路總有驚喜！

二〇一一年七月七日

六月上旬到七月中旬是京都的梅雨季，來了半個多月，時而有雨。今天整天煙雨濛濛，雨還不小。早上想出門上課，後來放棄了；下午想出門上課，也偷懶了。這種涼爽的天氣眞舒服，但是騎單車實在麻煩。這場雨，從昨天傍晚下到現在還沒停，昨晚淋得一身濕透，今天就放個雨天假。

昨晚和幾個認識的台灣留學生吃飯，他們吃好逗相報，去京都大學旁的餐廳吃便宜的定食。因爲星期三男女同行，女的可得二百日圓抵用券，男的可得一百日圓抵用券，下次抵用。三個男生，從京都北邊的日語學校騎車過來；我和另一位拿度假打工簽證的女生江桑，從南邊上課的交流協會北上，在中間的京都大學旁的食堂會合用餐。

大學城的餐飲特色，當然是「俗擱大碗」，大碗飯、大塊豬排、魚排。我吃五百八十的綜合定食，吃撐了還得花二十塊錢買飯盒打包剩菜。除非外帶，通常日本餐廳是不打包剩菜的，大學城周邊餐廳卻OK，這也是生意人針對學生需求的變通吧！[1]

餐桌話題圍繞在「俗擱大碗」的美食情報、如何省電省錢過日子，還有日語能力測驗等等。幾位四月來的男生說，剛看到漫天櫻花時興奮地「哇～哇～」的叫，後來看多了就不會「哇」了。

這頓飯讓我感染留學生的苦樂氛圍。飯後各自付帳打道回府。老天不作美，去時已經一身濕，雨夜歸途路更長，四十分鐘的路程，騎了一個小時。我和江桑同行，順著鴨川賦歸，雨實在太大，接近鬧區時，我轉進河原町通的路上，這段路有部分像台灣的騎樓可遮雨。回到住處時，全身濕冷透了，還好餐聚的青春氣息，讓我心暖烘烘。（雨衣只能護上半身。那幾個男生已經像日本人那樣，能撐傘單手騎車，厲害！）

＊＊＊

京都夜雨，留學生的苦樂

上面的文字是那年寫給朋友的E-mail。陰雨綿綿的確不便，但離開鬧區，京都是個雨天也別有風味的古都。

「南朝四百八十寺，多少樓台煙雨中。」除了皇宮、離宮，還有逾兩千座寺院、神社，以及許多庭園勝景、竹籬茅舍，今日的京都或能寫照、體會古代唐詩的意境。京都的雨，是旅人的困擾也是收穫；一支小雨傘，一個人或咱二人、或偶遇身著和服的婉約女性……在千年時空烙印下，雨中漫步是什麼樣的心境與風情？

不論季節天氣，古都都有迷人之處，特別是春天賞櫻（花見）、秋天賞楓（紅葉狩）的時節，古今輝映的燦爛更是醉人。

日本四季分明，京都之春更是「春城無處不飛花」，梅花、山茱萸、辛夷、流蘇等爭奇鬥艷，而當新綠的垂柳次第登場時，櫻花也含苞待放。只要天氣轉暖，原本乾枯蕭瑟的街景，便會在一夕之間，轉變成一路紅白彩妝、櫻花綻開的笑顏。東瀛春天最被引頸的女主角，終於粉墨登場！

從二、三月間預測各地開花日期的「櫻前線」發布後，日

注1：店家因為怕剩菜打包變質砸招牌、又要負責任，客人怕麻煩人家、怕丟臉，所以日本人點餐以不浪費、能吃完考量，點多了也儘量吃完。通常配菜不多，飯和丼飯等主食份量有小、中、大、特大（小盛、並盛、大盛、特盛）等選擇。

鴨川河畔親子花見。

本人就開始期盼春天的降臨。三月中下旬起，新聞的焦點更圍繞在櫻花哪天開、初開、五分開、七分開、滿開、散落（桜吹雪／花吹雪）的資訊，為了櫻花彷彿舉國沸騰。櫻花從綻放到飄零約一、二星期，遇風雨更提早凋落。純潔、絢爛、即開即落的無常、淒美，被隱喻為人生的美好與虛幻，並有「生命即使短暫也要活得燦爛」這樣的自我期許，成為日本人的精神象徵；甚至於成為象徵武士、軍人，壯烈殉難的悲劇武德。

每年四月一日是日本新學年度、會計年度的開始。本州的多數地方，三月中至四月中的花季期間（櫻前線末端的北海道則在五月初），正逢放春假、開學入學、畢業驪歌、升學考試，就職、調職、轉職、搬家、離鄉背井等異動；一方面迎接冬去春來的喜悅，一方面遭遇生活、人生的轉折。有些人到五月仍適應不良，而有「五月病」的症狀。迎新送舊，悲歡離合，總在花開花落時；從小到大的記憶流轉中，春日漫天飛舞的櫻花，宛如美好、傷感、鼓舞、療癒的花仙子，可說是日本人心靈的故鄉。

古城春華秋色，耐人品味

若說櫻花是日本人精神的象徵、心靈的故鄉，京都則是日本人歷史、文化的故鄉。現代生活中失去故我的日本人，對京都本有尋根的思慕與憧憬，在最美的春秋季節上京，浸淫古城春華秋色的繽紛風情，更是趨之若鶩。此時，慕名而來的外國遊客也蜂擁而至，一起擠滿通往「平安京（京都古名）」的時光隧道。

比起春櫻的風華，更愛古都秋楓的手采；那爛漫的火紅，天長地久守著簡約的古典斑剝，多麼動人的美學美景！每年十一月上中旬至十二月初左右，是古都楓紅層層、翩然醉人的時刻。北國最古樸、最浪漫的紅葉與銀杏等變裝秀，在京都逐日彩繪登場。綠黃、緋紅、艷紅，直到落葉飄零，秋盡冬來。

「碧雲天，黃葉地」、「曉來誰染楓林醉」、「停車坐愛楓林晚，霜葉紅於二月花」、「秋風吹渭水，落葉滿長安」、「晴曉寒未起，霜葉滿階紅」、「楓葉千枝復萬枝，江橋掩映暮帆遲」。這般古詩詞的情境，在京都俯拾皆是。

無所不在的古剎禪意、庭園小徑、小橋流水，古今交錯。再現唐宋的京都，本已耐人品味，加上秋上京城的漫天楓火，怎麼不教遊客、騷人墨客神往不已，成為日本第一、世界聞名的賞楓勝景。

無論春櫻秋紅，或者夏之翠綠清流、冬之枯寂薄雪，歷經千年蛻變幻化，京都呈現一幅深邃幽雅的視覺饗宴，不只是風景，更在於意境。記得，離開大街，小路總有驚喜，這就是京都！

古都楓采。

跳蚤市場挖寶樂

——超值、甚至「無料」的二手貨！只逛不買也樂趣無窮的美麗風景

想要了解一個地方，就千萬別錯過他們的市場。特別是愈庶民的市集，就愈真實有趣，呈現沒有太多矯飾的人味與生活映象。

以日本傳統市場來說，東京上野的阿美橫町（アメ横丁）、築地場外市場、巢鴨地藏通老人街，大阪的黑門市場、鶴橋市場，京都的錦市場、三条會商店街（三条会商店街），札幌（規模較小）的二条市場、中央批發場外市場（中央卸売場外市場）等，都是可以窺探當地人的廚房與生活，滿足遊客口福與購買欲的好地方。

另外本文主題的跳蚤市場（フリーマーケット、蚤の市），則是什麼都賣、什麼都不奇怪，好像走進人家的儲藏室，任你翻箱倒櫃尋寶，幸運的話，便宜就能買到好東西；即使不買，逛逛也樂趣無窮。日本是個高消費水準的國家，清出來的不乏高檔貨，加上民族性使然，即使賣十日圓（約新台幣三元）的東西，也經過整理擦拭，不敢失禮。

日本跳蚤市場與二手店風氣盛行，每個星期都有大大小小的市集登場，特別是春、夏、秋季最多，冬天較少且以室內為主。通常在寺院神社、大公園、體育場館等舉行。賣的東西，以前是古物、古裝、

古書等，現在則新舊生活用品、服飾、家電，以及強調手工製造的商品、食品、作品等，無奇不有。

以東京來說，代代木公園、明治公園、大井競馬場等是知名度高、規模大逾五百攤以上的跳蚤市場。其中代代木公園源自一九八一年，是日本大型洋風蚤市的濫觴。代代木與明治公園，靠近日本青春時尚中心的原宿、涉谷，蚤市也反映這個特色，有許多年輕人偏愛的休閒、戶外、名牌等物品。

而一百五十攤以上、觀光客容易造訪的大跳蚤市場，有東京站附近的東京國際論壇大樓（東京国際フォーラム）、新宿都廳旁的新宿中央公園、池袋西口公園，還有東京巨蛋旁PRISM HALL（プリズムホール）的室內大蚤市、與可體會下町風情的錦糸公園老蚤市等。

另外，浪漫港都橫浜的蚤市，近年來也人氣高漲，櫻木町站的「港未來２１（みなとみらい２１）」周邊有幾個會場，如日本丸帆船紀念公園（日本丸メモリアルパーク）等，還有新橫浜公園內的橫濱國際綜合競技場（日産スタジアム）等處，都是觀光、休閒兼具的熱門市集。

二手羊毛外套，穿了近三十年

七十年代去東京時，曾與明治公園的蚤市不期而遇。那時台灣經濟起飛，開始哈舶來品，不像現在滿坑滿谷的不稀奇。對女生而言，看到那些物美價廉的雜貨、衣物，簡直如獲至寶，不心動才怪。因為是東京往大阪的自助行，為不增加行李負擔，我太太強壓購買欲，花了二千日圓（當時約七、八百台幣），只買了一件英格蘭風的羊毛外套，厚實保暖地穿了近三十年，還好好地掛在衣櫥裡。若不是這幾年，輕質的鋪棉、羽絨外套興起，這類不退流行的毛料大衣、外套，以前可是一家的傳家之寶。

後來赴日旅遊沒有再碰到或探訪跳蚤市場，直到京都、札幌Long Stay，才刻意搜尋，成為異鄉生活的樂趣之一。

京都不愧是文化古都，陶瓷、藝品、園藝、古物、和服、特產等在跳蚤市場備受矚目。每月二十一日舉行，名聞遐邇的東寺「弘法市」，滿溢這種思古懷舊的氛圍；聽說七百年前，從以物易物緣起，到戰後漸成為大市集，至今有一千攤以上規模，可說是和風蚤市的朝聖地之一。類似的市集，還有北野天滿宮，每月二十五日舉行的「天神市」。

我個人比較俗氣，東寺這類有學問、有氣質的市集，只能看熱鬧，所以常逛的是很生活化的，如京都市政府（市役所，已移至平安神宮前）、札幌市政府（市役所）與札幌中島公園的市集。這三個中小型規模蚤市，位於市中心，對遊客來說方便可及。

生活雜貨、衣物型的跳蚤市場，擺攤者以女性居多，約占六、七成，有家庭、朋友、商人等群組。賣的多是婦幼家庭用品，特別是女性服飾，而少見男性衣物。這跟男女大不同有關，如果男生永遠少一件「衣服」，女生就是永遠少一個「衣

京都市政府蚤市。

札幌中島公園蚤市。

櫥」。再說，女生美美的東西多，需汰舊換新；男生款式單純，常常一件到底。還有，女生柔韌、有行動力清倉變現；男生怕麻煩、不愛拋頭露面。男性類二手貨，則偏向各類收藏品、精品，與工具、電子、汽機車等物品。

生活型蚤市，商品偏向女性，客群也以婦女居多，更吸引許多外國人，如留學生、短期工作者、外籍配偶來尋寶。多次遇到日語班的中國同學，她們總是滿載而歸。因為中古品和過季品，與市價差天差地，能省則省。何況日本許多二手品的品質都不錯，即使隨便賣，也是洗好、整理好的，有時覺得一百、二百日圓，可能連洗衣費都不夠吧？何況還要出攤費三、四千日圓。有些人擺攤，純粹是惜物、加減賺，希望物盡其用，減少丟掉回收的罪惡感吧！

在京都時，買了一些冬季衣物。羊毛毛衣、手套、圍巾，各二百日圓；家裡穿的厚外套、休閒褲，各一百日圓。有的至今還在用，物超所值。在札幌時是夏天，多看少買，買了一件一百日圓的休閒衫、幾個一輛二十日圓的玩具模型車，以及新的全棉床單，標價八百，我希望便宜一點，那媽媽楞了一下，減兩百成交。

找好貨趁早，撿便宜等收攤

跳蚤市場有些衣物，如標價逾五百、一千，可試著議價。而五十、一百、兩百日圓的，已經很便宜，合用就買吧，再殺價也太狠了！其實，看上眼的好貨，一、兩千日圓也值得出手。好東西好賣，想挑好貨開市就去、早點下手；想撿便宜，等收市前出手，這時賣家常會對折清倉，當然好貨也不多了。

逛了幾次蚤市後，發現有熟面孔的擺攤者，似乎以此維生，多是年長者，東西多元、價格較貴，收市時也不打折。有公司銷庫存的高檔衣物，職員很會行銷的吆喝著，以件數多就低折扣來吸引女性搶購。有的家庭像親子郊遊似的，小孩幫忙叫賣，有趣、有活力。有人開露營車設攤，架起陽傘喝茶看書，好像來度假似的。

跳蚤市場的主角女性中，有不少年輕人結伴設攤，人與物都是色彩繽紛，青春洋溢。她們有的很會分類擺飾攤子，有的很會叫賣行銷，大多「很阿沙力」地淘汰、割愛自己的衣物。常有這堆全都百圓，那袋全都五十圓，吸引顧客挑選挖寶。

在京都看到三個女生，快收市前開始喊著：「全部百円で」，然後「五十円で」，最後居然「無料で」。從「全都一百日圓」，降為「五十日圓」，再變成「不要錢」！每一次都引起小騷動！我在旁好像看一場秀似的，佩服地發笑。當她們叫喊「無料」時，我嚇一跳，也被磁吸過去，哈哈，當然沒有我可以撿的東西。家裡挖出來的，再帶回去也麻煩，便宜出清，或送給想要的人。真乾脆、瀟灑！

這些女性是跳蚤市場最美麗的風景。

京都北野天滿宮天神市。

一袋200日圓「裝到飽」大搶購。

第二章 夏之卷

成為日本人嚮往的札幌市民

——從買單車被拒，到突破銀行開戶難關

歷經機場的一番折騰後（請見197頁〈機場入境大盤問、大搜身〉），搭JR電車換地鐵，約一個小時情緒轉換，走出圓山公園站（円山公園駅）前往租屋處時，嫻靜街道上的繡球花，正燦爛開懷地迎接著我。即使拖著笨重的行李，美麗的邂逅，仍讓我駐足留影，揭開札幌舒暢、美好的生活序幕。

京都Long Stay後，把第二個目標放在札幌，一個沒有京風、很不東方，滿溢洋風、很北美西方的美麗都會。札幌是日本人票選最想居住的城市之一，許多年來的民調中，一直與橫浜、京都排行前三名。我也被「吸睛」來當三個月的市民，做個悠遊的過客。

二〇一〇年七月十三日下午，到達札幌的家時，房東山本太太與先生已經等候多時。小小寒暄，提到機場驚魂記，致歉送上被拆封的烏龍茶罐當伴手禮，接著簽租賃契約，付了十二萬日圓房租與二萬日圓押金。然後瓦斯公司來開通瓦斯，做一些安檢，並解說熱水器、瓦斯爐使用方法，這是日本租屋交屋的標準程序。這房子的「古董級」熱水器，點火有些麻煩，瓦斯人員操作一遍，確認我會運作後才離去。房東也約了電信公司來辦理網路申請，業務員來了後，他們就先離開了。

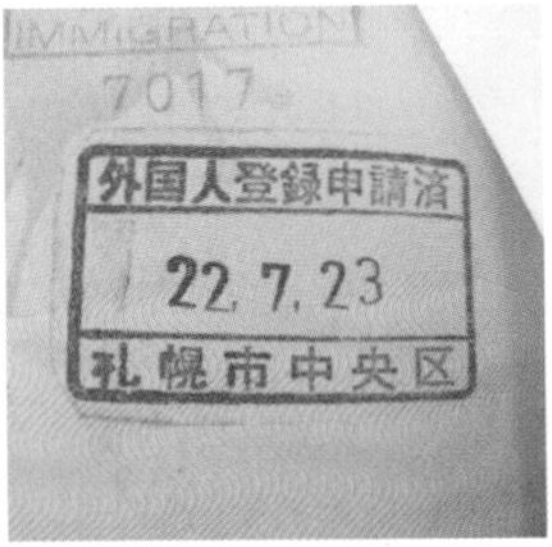

租屋要「電洽」，還好有救兵！

房東感覺還不錯，先生在觀光業上班，小孩已大一，住在車程一小時的郊區，擁有市中心這棟八間套房的公寓，算是有錢的包租婆吧！當時找房子，花了一點工夫。願意短期出租，又附家電家具的房子，本來就不多，較常見的是偏高檔的周租月租公寓，而且收費方式複雜。找到幾個合意的物件，不是被仲介拒絕，就是額外費用多，下不了手。

從「札幌賃貸仲介無料情報網」看到山本太太自租的物件提問，仲介回覆「屋主可以短期出租，費用會高一點。屋主不會E-mail，須以電話洽談」。看到「電洽」有點傻眼！寫信能一改再改查證到「講也通」的程度，要我隔空說日語交涉，既無肢體語言，也不能筆談，可能不知所云或鴨子聽雷。這把我考倒了。只好拜託女兒幫忙，經過幾次商談，敲定十幾坪的套房，除網路費自付外，房租包水電瓦斯四萬日圓，還提供寢具、單車、鍋碗瓢盆，差不多「一卡皮箱就可入住」。

公寓套房是木造二層樓的一樓，離地鐵站與大超市很近。除了浴室熱水器老舊與廚房流理台較小，一樓私密性稍差外，空間寬敞、採光通風好，還算舒適。後來從日語老師口中才知，圓山公園周邊是札幌的高級住宅區，寧靜且生活機能便利，雖然住的是普通公寓，但周邊環境清幽。隔壁是寺院宿舍與墓園，因為不是直接面對，晚上也不會往那邊走，所以沒特別的感覺。

房東借給我的自行車，是低矮、小輪子的迷你單車，第二天四處騎乘，張羅補足生活所需，又累又不舒服，因此決定買一輛中古車。雖然電腦還不能上網，但來札幌前做了功課，知道「資源再生廣場宮之澤（リサイクルプラザ宮の沢）」，像我們的環保局那樣有拍賣回收整修的單車。第三天搭地鐵去宮之澤站，到再生廣場表明來意後，承辦人面有難色，問我有什麼證件？我提示護照，她說：「非住民，不行喲！」哇，看得到買不到。不過承辦的竹下小姐建議我去二手車行買，並提供資料列印地圖。她好像為表示歉意，說參訪來賓可玩一個數字遊戲，有獎品可拿。我不能「辜負人家好意」，雖聽不懂她的說明，但還是配合「數一下」，然後就被「放水」，挑了一個用得到的杯子當獎品。

接著搭車到地鐵琴似站，走了半個小時找到那家中古自行車專賣店（中古自転車専門店）。店裡中古單車琳瑯滿目，未檢修的（不保障安全）二千日圓起，檢修過的（有保障）四千日圓起，我挑了最便宜、沒變速的淑女車試騎，四千成交，加裝車鎖八百與防盜登錄五百，只花了五千三百日圓，變成「有車階級」。值得一書的是這家店的老闆，不像一般日本人那麼內斂客氣，說話直來直往、喳呼喳呼地，讓人印象深刻；老闆娘倒是輕聲細語滿和氣的。後來在日語班，遇到來打工度假的能慧，也去那裡買了一輛二千五百日圓的未檢修車，她也是覺得老闆兇巴巴的。能慧小姐說她的未檢單車狀況確實很多，騎得心驚膽跳地，於是我離開札幌時，就把我那輛送給她，物盡其用。

大單車登場，迷你車退位，森之都札幌任我馳騁好不快哉！腳踏車在日本，就像機車在台灣那樣普遍。只要不是雨天與遠行，這輛單車就是貼身的好友，騎車去上課、去超市「考察」花錢，穿梭綠意盎然的大街小巷，倘佯公園綠地勝景，就是悠遊的行腳。

等了一個星期，網路連線了。開通前有個小麻煩，ＮＴＴ東日本電信寄來的ＣＤ設定不成，ＳＯＳ

原來的業務員卻休假中，再打他的手機拜託，他找同事支援帶來筆電，對照我的筆電，克服鍵盤文字的差異性，終於解決問題。和世界接軌後，札幌的天地更為開闊，安排郊遊、登高、小旅行更方便，與北海道的互動更密切豐富了。

有外國人登錄證，生活便利加分

去志工日語教室「窗」上課，碰到來自台南的教會傳道人顏先生，他來札幌已四個月，年紀相近很照顧我，下課常會騎車同行，我也受邀參加幾次他們的聚會。

顏桑問我是否有辦「外國人登錄證」，我說：「觀光免簽證（短期滯在）身分不能辦吧？」他說：「可以，辦了比較方便，至少可去郵局開個帳戶存提款，或者中辦手機[1]。」耶！真的嗎？上網一查果真如此，去京都Long Stay時，都沒注意到這個「便利」。日本「外國人登錄」規定，九十天內的「短期滯在」是隨你「辦或不辦」隨你，其他的簽證則「一定要辦」[2]。

買單車被拒的資源再生館。

圓山公園的家。

既知其方便性，豈有不辦的道理。準備兩張照片、護照、房屋租賃契約書（其實不用，只要填上現在住址即可），到最近的區公所辦理，照著申請表範本填寫（有中文說明），連等候時間約一個小時完成，二周後可取件。另外花二百日圓辦一張「外國人登錄原票記載事項證明書」，這張「原票」等於臨時身分證明，就可以去辦存摺等手續了。拿這張證明去郵局開戶，果然順利拿到存摺，金融卡則製作好後會寄給我，但承辦人說因為「短期滯在」的關係，這帳戶沒有轉帳匯款功能，只能存提款。雖然這比把日幣現金放在枕頭下，或者只用台灣金融卡在日本提領日幣，已經方便多了，但是如果能有轉帳功能，能在網路購物的話就更方便了（以國外信用卡在日本網購，不見得ＯＫ）。

因為「不滿足」與「搞怪」，又闖了幾家銀行試試，多被婉拒開戶，但終於有一家接受了。賓果！這是鍥而不捨的回報嗎？後來又發現，以名下的公共事業帳單（瓦斯等）與外國人登錄證，也可申請網路銀行（沒實體店面）帳戶，於是又多辦了一張網銀金融卡。

有了這些卡片，就可在超商、ＡＴＭ、網路等存提款交易；外國人登錄證下來後，如同有了身分證，去一些需要證件的場合，等同住民、市民一樣，比護照更方便，對Long Stay生活的便利，有加乘的效果。看著登錄證上住所印著「札幌市中央区南四条××丁目×××号」，感覺好像是設籍札幌的市民。我想，當初去「資源再生廣場宮之澤」買單車時，如果有這張證件，也許就不會被拒絕吧？

注１：幾次Long Stay都借用女兒的預付卡手機。觀光免簽證照規定不能辦預付卡。其實現在通訊方便選擇多，可用國際漫遊，Line、FB，或租借日本手機、SIM網卡、Wi-Fi分享器等等，何者划算看個人需求而定。

注２：外國人登錄制度於二〇一二年七月廢止，改發「在留卡」，但「短期滯在」者不能申請，亦即目前已失去此項「便利」，未來是否改變則不知。

北國之都——森之札幌好避暑

——流連近三千座公園，天高天藍的有氧城市

二〇一〇年七月

氣象預報會下雨，今天當宅男休息，但不是「櫻櫻美黛子（閒閒沒事做）」，可要洗衣服、灑掃庭除。從公寓樓梯間，房客公用的清潔用具儲藏室，拿吸塵器與掃把大清理，讓地板與榻榻米清爽起來，裸足也覺得舒服。又把廚具與食器置物架積塵，擦拭一番，還刷洗浴室廁所。

今天也是來札幌後，感覺最熱的一天。早上打掃後，打赤膊到傍晚。還好不黏答答，不像台北的蒸籠天氣。

打電話給房東商借電扇。大意是：「不好意思，天氣漸漸熱了，您有多出來的電扇（扇風機）可以借我嗎？」她支吾了一下，答應隔幾天送來。萬歲！後來她送來新買的電扇，有一點被感動到。

其實來札幌之前已商借過，大概是借了不少東西，她忘了電扇？而第一天碰面簽約、點交、寒暄時，天氣涼快就忘了提了。

日語志工老師說，札幌雪國，家家都有暖氣、燈油機；但除了豪宅與公共場所之外，很少有冷氣。

因爲夏天早晚涼爽，白天有電扇就夠了。

下雨？其實，雨只在下午掉了幾滴。

＊＊＊

上面的文字是當時寫給家人的E-mail。剛到那幾天，日本受到豪大梅雨影響，各地時有災情，但北海道沒有梅雨，也少有颱風。出梅後，日本列島變成「猛暑」，高溫逾三十五度，每天新聞報導都提醒大家要防範中暑，有許多就醫與死亡病例。

可是札幌都還很舒適，雖然夏天變熱了，氣溫也比往年高。但白天超過三十度的機率不多，而且早晚涼爽，晚上騎車還要穿薄外套。札幌夏日有名的豐平川煙火（花火）大會，不穿個外套觀賞，河川地涼颼颼，說不定還會發抖咧！

札幌的日語課在下午，中午出門正是最熱的時候，騎車儘量騎在遮陰面，以避免日曬，加上有涼風吹拂，覺得還好（天冷時，就騎在日照的一面，人就是這樣現實，哈）。老師與同學之間常會說：「今日は暑いですね（今天好熱喔）！」老師也會問熱不熱？我說不會。他說札幌人這樣就覺得熱了。真是人在福中不知福？

其實也不能這樣講！北方人耐寒怕熱，南方人則相反。對於四季分明，溫帶國家的日本人來說，地球暖化造成夏天的酷暑，似乎比我們更沒有抵抗力，我想這也是日本老人容易中暑死亡的原因（那年逾一千七百人）。對氣溫的感受，因地因人而異，有些中國東北嫁來札幌的同學，問她們札幌冬天冷不冷，她們說：「一點也不冷」。畢竟東北黑龍江等地的酷寒，更勝北海道。

從一九九四年，第一次去北海道自助旅行，就喜歡上札幌。後來又跟團與自助去了兩次，促成Long Stay的緣分。

札幌是北海道的首府，日本的第四大城，融合京都棋盤式與北美城鎮風格規畫，形成整齊有致的街廓，是很年輕、極具北國風情的都市。我深愛札幌的大公園，林蔭綠地多，空氣清新環境舒適。據統計，札幌有二千八百多個公園綠地，面積逾五千五百公頃，每人約享有二十七平方公尺。相較於台北市的八一五個，面積八百八十三公頃，每人約享有三點二平方公尺，札幌可說是森林之都。[1]

悠遊公園與校園的幸福

人口一百九十餘萬的札幌市，竟擁有近三千座公園。市中心的幾個公園中，名聲響亮的大通公園，面積八公頃，還是最小的一個。團客較少的中島公園二十一公頃、圓山公園六十八公頃，以及非市府管轄的北大植物園十三公頃，北海道大學校園一百七十七公頃，景觀更是美麗。這些枯燥的數字說明，光是札幌市中心的藍天綠地，就讓人流連不已，真是公園之都、有氧城市。

在札幌過日子，散步與騎單車最為愜意。上述公園綠地，是我常去休憩之處。第一次住圓山公園旁，經常跨上單車就往公園跑，有時車子一放，就上標高二二五公尺的圓山，小山不難爬，一路綠蔭盡是國家指定保護的原始林，山頂可眺望市街，一趟兩個多小時的森林浴，夏日雖汗涔涔卻暢快無比。北大植物園（收費）與附近的知事公館庭園（免費），也宜慢慢品味。

「日本都市公園百選」之一的中島公園，碧波蕩漾小河蜿蜒，四季風情不同。公園烏鴉多，一次深入小步道，不知那裡得罪了牠們，有烏鴉居然多次對我俯衝咆哮，秀才遇見兵只好回頭。聽說烏鴉是有地盤觀念，大概不滿我侵入牠的勢力範圍？

我喜歡在北海道大學林蔭隧道漫遊，坐在校園看著青春洋溢的學生，琴似川畔看著親子嬉戲的歡樂。有時也去食堂，和學生一起吃便宜的餐食，或去圖書館看書。原為札幌農校的北大，美籍首任校長克拉克留下「少年啊，要胸懷大志！（Boys, be ambitious!）」的名言，成為北大校訓。札幌名物「湯咖哩」（スープカレー），聽說也是克拉克關心學

圓山公園的這些美女看到相機鏡頭就配合演出。

生健康，鼓勵多吃咖哩禦寒，而衍生出來的獨特料理。在那樣的環境、那樣的氛圍，隨意悠遊讓人覺得幸福。

札幌主要的大公園有二、三十個，市郊比市區的規模更大，每個都有其主題與特色，天高天藍、雲彩瀟灑、林木蔥鬱、綠野廣袤，喜愛自然的人來札幌，一定如魚得水。市區的常去巡遊，郊區的太多了，安排日歸小旅行，也只去了少數幾處。

如野幌森林公園，面積廣達二千公頃，跨越札幌與北廣島、江別三個市，原始林只走小部分，也感覺遺世獨立。百合之原公園，幾十萬株的百合與珍奇花卉，花團錦簇，綻放美麗。前田森林公園，運河、白楊樹、紫藤花環繞，感受天地壯闊之美。真駒內公園，古木參天，曾是冬季奧運會場的紅葉櫻花名所。可眺望札幌夜景的旭山紀念公園、藻岩山和定山溪溫泉公園等。

注1：根據札幌市綠化推進部與台北市公園處二〇一三年調查統計。

野幌森林公園。

北海道大學。

有些步道人跡稀少，看到「熊出沒」警告標示，心還怦怦然。距離札幌兩個小時的支笏湖，去的那天氣象預報是陰天，大概是山上的關係，結果雨勢不小。什麼也看不到，鞋子也濕了，只好搭下一班車回來，來回交通費三千五日圓，就泡湯了。

另外還有沒機會去的，以藝術設計創作為主題的札幌藝術之森公園；歷經二十三年建設，被稱為「大地雕刻」的モエレ沼公園；梅林盛景的平岡公園；溫室花卉與植栽聞名的豊平公園；原為水源地，適合觀察野鳥與自然生態的西岡公園等。

享受夏日與美食的幸福

北海道每年從九、十月入秋，然後冰天雪地，直到五、六月才大地回春、乍暖還寒。至於平均氣溫二十一、二度的七、八月，可說是一年之中最陽光、最舒暢的時日。這時和雪奮戰了半年的札幌人，會在大通公園

大通公園啤酒花園節。

薄野祭典。

舉辦啤酒花園節（ビアガーデン）、盆舞大會（北海盆踊り），以及薄野祭典（すすきの祭り）等活動，珍惜享受短暫的夏日陽光。當地留學生說，熱一陣子又變涼了，有時候甚至短到讓人以為札幌沒有夏天。

夏天在札幌，享受舒適的天氣、美好的環境，也別忘了享受北海道才有的美食。豐饒的北國大地，是日本最大的農牧場與重要的漁獲地。許多農作一年才一穫，特別營養美味，來這裡可千萬別錯過南瓜、玉米、馬鈴薯、哈密瓜、山藥、紅豆、蕎麥等農產品，還有台灣人熟知的牛奶製品，以及鮭魚、蟹、貝、花魚、昆布等海產。

到北海道參訪的外國觀光客人次比，台灣一直是「叫我第一名」。除了淨土的美景，山珍海味的美食（海の幸、山の幸、大地の幸）也有十足吸引力！

藻岩山俯瞰札幌市。

富良野那些人、那些花之一

——無人「秘境站」・湖畔薰衣草田

ＪＲ電車在北海道南富良野町，一個籍籍無名的無人小站「東鹿越駅」停靠。電車到站時，只有我一人下車，也無人上車，然後「咻」一聲，列車又緩緩地啟動，隆隆、隆隆地漸行漸遠，直到不見蹤影。

在月台上看著列車別離，我孤獨佇立，除了藍天、陽光、樹林光影的曳動，周遭出奇地寧靜。跨越軌道，進入靜悄悄的候車室，牆上掛著票價時刻表，還有寫著：「乘客若有任何問題，請聯絡富良野站」的告示。出站就可看到金山湖（水庫）的湖景，不過視野被樹林遮蔽，較像河景。夏日正午，不見半個人車，感覺是我一人天地。

這個一天只有八班列車行經的「無人站」，當初是因附近石灰岩礦山的貨運需求而開設，貨運列車廢線後，除車站斜後方可見一處工廠外，目前只殘留孤伶伶的站體，旁邊沒有商店住家，不知最近的聚落人煙在哪？不過，對行旅來說，可搭車、遮風避雨和有洗手間，就是最大的功德吧！

小站探秘——為了紫色的浪漫

二〇一〇年七月二十六日中午，我為何會在北國一處人跡罕至的小站駐足，是什麼緣分呢？只因為想去觀賞富良野、美瑛的薰衣草花季，上網做功課時，不意間發現有湖畔薰衣草花田的景致，而決定一窺究竟。探訪金山湖畔薰衣草園（かなやま湖畔のラベンダー園），除了開車之外，東鹿越站就是距離最近的車站。日本人把人煙稀少、一般人不知的景致稱為「秘境」，東鹿越站即「秘境駅」之一，偶有鐵道迷探祕。

雖然車站前有南富良野町營巴士（町営バス）可搭，但車次很少銜接不上，只得徒步四、五公里前去。走了一公里跨過鹿越大橋時，才碰到一輛汽車經過，橋邊有家工廠，好像關廠似的。橋上與過橋後的路程，漸漸能看到金山湖的全貌，時而只見單調的邊坡擋土牆，時而可見翠綠的山巒碧波，有時踽踽獨行、有時輕鬆慢行，偶見車子奔馳，不見其他行人。七月天，這段路熱而不悶，偶爾些許涼風吹拂，還

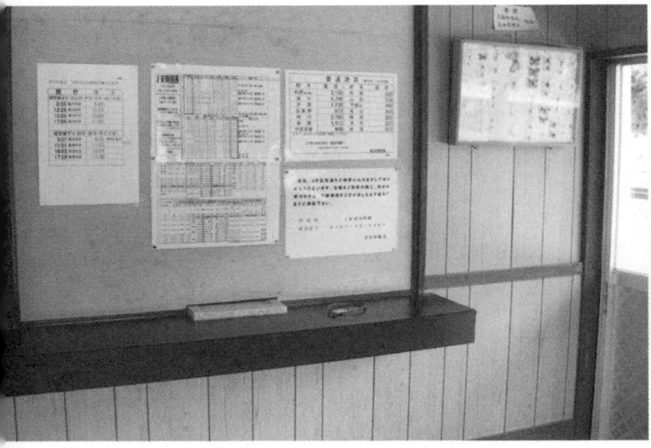
東鹿越秘境站。

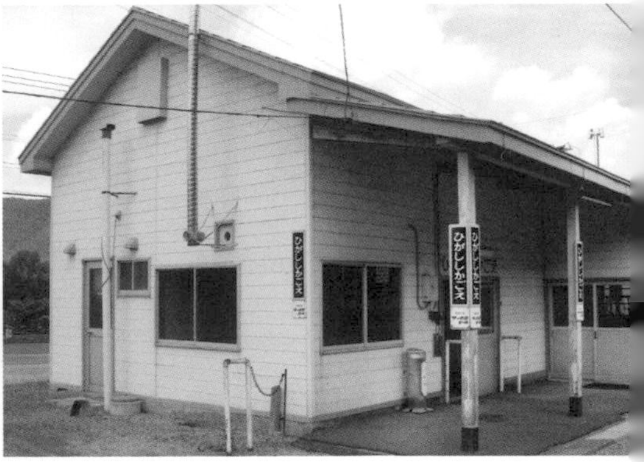

東鹿越秘境站。

是一直揮汗喝水，走了一個多小時才到達金山湖畔森林公園。

森林公園有露營場、鹿越園地（湖畔薰衣草園），以及保養中心旅舍、原木屋飯店等住宿點。從東鹿越過來，會先見到薰衣草花田，接著是英挺的落葉松林，以及錯落其間的露營地。粉紫色的薰衣草花田，伴著青山綠水、藍天白雲，湖光山色相映成趣。這裡遊客不多，可恣意享有紫色的浪漫，悠然擁有優美的氛圍。

因為交通不便，少了人潮，多了靜謐。衝著「唯一」湖畔薰衣草田的訴求而去，值得！

隨興漫步花田，心曠神怡。突然聽到有人「講國語」，一問是台灣來的，年輕夫婦與媽媽、阿姨四人，他們從札幌附近的新千歲機場租車，做六天北海道旅行。在去富良野途中，意外地闖進這個秘境，先生說：「真是美！看到湖

金山湖畔薰衣草田。

水，想說停車休息，沒想到撿到美景了！」我問：「日本是『左派』國家，開車靠左邊能適應嗎？」他說：「開始很不習慣，小心一點就ＯＫ了！」

和他們道別後，到露營區找了一處可遮陽又可望湖的桌椅野餐，享用三明治、飯糰與香蕉，餐飲雖然簡單，環境卻是奢侈，且可以慢食樂食。搭車自助遊的好處，就是可以隨興慢慢來。尤其在北海道如此偏遠的鄉間，步調想快也由不得你，因班次稀少，下午三點才有巴士可搭，前往下一站「幾寅」。

＊＊＊

這次規畫的薰衣草花季之旅，因為著名的美瑛、富良野是舊地重遊，所以加入新發現的湖畔花田，以及附近的日片「鐵道員」拍攝地——幾寅車站。我買了便宜的ＪＲ北海道鐵路的富良野、美瑛四天周遊券（當時為五五五〇日圓，將調為一萬日圓），打算在日本夏天人氣最旺的田園山丘、花田美景區域，晃蕩二、三天，但氣象預報明後天有雨，只訂了今晚的民宿，後續行程看天氣而定。

人跟人的機緣，實在奇妙。昨天下午到札幌車站買票後，去相鄰的觀光中心（案內所）找些資料，一抬頭竟然看到太太的姪女美玲、偉章一家四人，她們來北海道五天自助遊。美玲家住花蓮，在台灣一年半載見不到一次面，也沒聯絡，居然在日本相遇，真是太巧了。她們剛從函館回來，正在研究隔天行程，聽說我要去賞花，就決定同行。隨後陪他們去買票，並共進晚餐，他鄉緣會實在難得。

今晨相約在札幌站，搭乘七點五十五分「富良野薰衣草號特快車」，車上聊著他們旅遊的見聞，以及我來札幌Long Stay十餘天的鮮事，時間很快過去，列車約十點抵達富良野市，我們要說再見了。美玲一家轉車往北，去中富良野有名的富田農場等地遊覽，晚上回札幌飯店，明天回台。我轉車往南，先去東鹿越。

他們去的是觀光熱點，班車銜接緊密，只有兩分鐘的轉車時間，一會兒車就開了，揮揮手送別，再會啦（回台後一年多，才在一次春節的聚會再碰面）。我的去處較冷門，一小時後才有車子，這個空檔要去車站附近閒逛。

夏天旅遊旺季，ＪＲ富良野與美瑛兩站，常聘請來自台灣的中文翻譯員，接待華人旅客。走出驗票口時，掛著吊牌的翻譯員女生正望著我，就詢問要去的湖畔薰衣草花田，她完全不知，這也難怪，那已經超出她的「管區」了。我說轉車前想去「北海道中心碑」逛逛，她馬上拿來富良野觀光地圖勾畫路線，告知行進方向，並說走個十幾分鐘可到，應該來得及。

富良野的風景點，大多散布在周邊的丘陵地上，市區徒步可及的地方，沒有特別的景點。北海道中心碑設在富良野小學內，這裡是北海道的中心點，也有「北海道的肚臍」之稱。聽說每年七月二十八日，連續兩天的北海肚臍祭，會吸引上千男女老少彩繪肚皮，上街遊行齊跳肚皮舞，極盡搞笑歡樂之能事，是北海道夏季重要的祭典之一。

回到車站，和翻譯員寒暄幾句，時間也差不多了，就道謝告別，搭十一點零七分的電車往東鹿越。

傍晚再回到富良野轉車時，又見到這位翻譯員小姐，一天之內三次照面，這樣的旅客，她也少見吧！

日本第一長距離慢車

這班開往東鹿越的列車，是從根室本線瀧川站（滝川駅）出發，經富良野往釧路的普通車。車上，鄰座高中生模樣的男生，一直拿著相機聚焦車窗外的青山綠水，每站停車時一定獵取車站的樣貌，充滿活力、自得其樂的樣子。我問他哪裡人，要坐到去哪裡？他說：「東京。要到終點釧路。」我說：「すごいね（厲害！）」這樣一站一站「叩到」終點，已天黑了，真是少年郎！令人羨慕。我想，他應該是暑假利用「青春１８車票」周遊列國[1]的慢車遊俠吧！

滝川到釧路「日本最長距離的普通車」；坐了八個小時的電車。

注１：隔年上網搜尋青春１８車票資料時，才赫然發現「滝川→釧路」是「日本最長距離的普通車」，也是青春１８車票的經典路線之一。這個一車到底的普通車路線，一天只有一班車，停靠四十八個站，距離三〇八・四公里，全程八小時兩分鐘，距離與車程都是日本第一，吸引許多鐵道迷來挑戰。ＪＲ北海道鐵道也發給一次搭完全程乘客「完乘證明」。有機會也想走一趟，青春一下！（我在二〇一五年挑戰成功，但隔年風災鐵道中斷迄未修復，決定廢線）

富良野到東鹿越，約四、五個站，下車時和那高中生點點頭，他的眼神似乎有點訝異，大概想「奇怪」，怎麼會在這種小站下車。沒錯，JR北海道鐵道發行的時刻表手冊，路線圖有「東鹿越」站，時刻表卻無「東鹿越」站（但網頁時刻可查到），可見此站有多麼「秘境」。

東鹿越站下車後的情節，如前面所述的，好像進入日本電視節目「來去鄉下住一晚」的場景，走了很長的路，只是沒有碰到「鹿」而已（鹿越，北海道愛奴語是「鹿的通路」之意）。我也很佩服自己，怎麼會找到如此的鄉下來「拈花惹草」，這都是拜網路資訊「什麼都有，什麼都不奇怪」之賜。

現在，我的浪漫湖畔午餐也畫下句點，下午兩點多，陽光有點熱，再去森林公園四處走走。揮別花心花語、柔情碧波的園地之後，下個旅程是蒼茫雪國、感人神傷的「鐵道員」世界。

湖畔午餐，獨享VIP美景。

富良野那些人、那些花之二

——鐵道員的世界．美馬牛夜未眠

在金山湖森林公園的站牌，只有我一個人等車，有些忐忑不安，擔心「被放鴿子」，而下班車還要等兩個小時。耐心的等了一陣子，下午三點多，南富良野町營小巴士終於來了。我已查知要去的「幾寅站」日語發音（Ikutora-eki，いくとらえき），上車就跟司機說「幾寅站，拜託」。巴士大概政府有補貼，不管坐多遠，一次一百日圓。十五分鐘後，司機要我在「農協前」下車，再走個五分鐘就到幾寅車站。我要在這裡盤桓一個半小時，才有電車回富良野。

從富良野出發的話，幾寅是東鹿越的下一站，也是無人駐守車站，但因知名的日片「鐵道員」在此拍攝，成為焦點車站。候車室旁設有「鐵道員」電影資料展覽室，展示道具、服裝、照片及放映電影介紹，有志工輪值管理與解說。

《鐵道員》原作曾獲日本兩項文學大獎，改編電影也獲二〇〇〇年日本最佳影片與男主角獎。故事是北海道一個鐵路支線小站「幌舞」，從開礦的繁華到沒落、廢線的轉折。高倉健飾演的男主角，從火車駕駛做起，到升任一人站長，夜以繼日盡忠職守，迎送火車守護乘客，卻在女兒雪子夭折與妻子病故

的時刻缺席。平淡溫潤的情節裡，蘊含一次又一次的傷痛撞擊，似乎訴說著那個時代，只有工作沒有家庭的傳統男人的辛酸。老站長孤獨堅挺的身影，難掩內心的悲悵，直到死去的雪子，化身少女的幻影來相會，他的生命列車也駛進終站，在淒冷蒼白的雪中鞠躬盡瘁。

人生如戲的時空交錯

幾寅雖是南富良野町公所、學校等機關所在地，但市街偏離車站，車站本身也是「孤獨」地存在，旁邊全無店家，除偶有遊客之外，幾乎無人走動。站前雖有些零星的建築，但多是片中出現的房子，如食堂、雜貨店、理容店、廁所等以及機關車頭，如同電影中的街景般留存下來。

雖是ＪＲ幾寅駅，但門外卻掛著電影故事中的「幌舞駅」招牌。午後斜陽到落日餘暉，光影在車站內外的電影場景，逐步推移暈染，站內播放的「鐵道員」主題曲、對白，一直在空中迴旋飄盪，真實虛無的兩個時空，如此交錯著。如果冰天雪地的冬天在此駐足，風雪紛飛的夜裡，點著一盞燈的無人站，會是誰靜靜地守候溫暖。列車來了又走了，那是怎麼樣空靈魅影的世界。

在車站內外、月台上下，來來回回巡禮，終於在五點左右搭上回富良野的車子，告別這戲劇性的人生驛站。人生如戲，戲如人生，多年前觀賞「鐵道員」時，為之動容落淚，這次藉機尋訪，也是種體驗。歸程的電車，沒幾個乘客，日漸薄暮的靜寂，映照駕駛專注的神情，鐵道員的世界與每個人一樣，繼續以不同的樣貌前進。

抵達富良野後，再轉車往旭川方向，在美瑛前一站「美馬牛」站下車，今晚投宿的民宿「丘千里（おかせん里）」在此。快到美馬牛站時，拿出民宿資料小抄與畫的位置圖，了解出站後的動線，鄰座的年輕小姐好眼力，問我：「要去住這裡啊？」我說：「是！」她說她也是，以前來過，下車可跟著她。有人帶路，省得傷腦筋。她來自日本東北山形縣，真是巧啊！同車同座又住同一旅舍。素昧平生，這麼主動助人的日本人實在少見，應是開朗熱心的旅者！

六點半抵達美馬牛，這也是無人站，比起幾寅、東鹿越，相對袖珍嬌小，因接近美瑛名勝的花田丘陵景觀，車站周邊零星散布著店家、農舍、民宿、青年旅舍等。出站不久，走上一段坡路到民宿之間，兩旁都是樹林，還好有這位小姐指引，否則容易錯過轉進民宿的小徑。用蹩腳的日語，和她有一搭沒一搭的說著，很快就到了民宿。

我住的是四人一間的團體房（相部屋），住一晚附兩餐（一泊二食）共計四千九百日圓，民宿主人稍做引導介紹，帶

幾寅站外的電影場景。

幾寅站（幌舞站）。

我去房間放下背包後，便要我準備七點鐘晚餐。用餐時，他安排來自苗栗的廖老師和我同桌，一聽說我也來自台灣，老師用日語說：「よかったね（真好）！」這樣的相遇確實難得。

任職國中的廖老師，昨晚就住這裡，已經在札幌、小樽、函館、洞爺湖等地玩了半個月，先生伴遊一周後回去上班，她變成一人旅行。明天朋友飛來會合，去道東的釧路、阿寒湖等地漫遊，然後一個人轉往東京周邊，預計玩一個多月。大驛動大旅行，年輕就是有體力有本錢，令人羨慕。超愛旅行、暑假常跑日本的廖老師，部落格以「志旅」為名，名符其實的「志在旅行」。

日本洋風的民宿或青年旅舍，晚餐後常安排tea time，讓住宿客人交流，丘千里也有，約七、八個人一起享用茶點聊天，帶我來民宿的小姐也在，除了廖老師和我是「老外」，其他都是日本人。大家簡單介紹來自哪裡，以及交換旅遊見聞情報，老闆有時參與有時忙著。我日文不行，時而以漢字筆談或廖老師幫忙翻譯，對於我來札幌租屋Long Stay，他們覺得好奇有趣。

聊一會兒後，陸續有人道晚安離席，最後剩下四個人談興不減。一位是約四十幾歲、來自東京的先生，曾來台灣多次，喜歡吃臭豆腐；一位是年紀稍長、來自神戶的太太，在社福機構上班。一個可能經商知台、一個可能工作特性之故，都很友善健談，話題圍繞台日生活的點滴。我與廖老師樂得練習日語，聊到超過十一點，老闆催我去鋪床才結束。我check in得晚，只得睡上鋪，室友都睡了，老闆和我躡手躡腳進房，幫忙鋪床。聊天四人組，只有我吃飯前未及洗澡，待梳洗入浴後，上床時已過午夜。

隔天早餐，大家行程不同，神戶太太打個照面先離去。我餐後寄放行李，向民宿租借單車去「四季彩之丘」遊覽，東京先生與廖老師較晚出發，他們送我騎車上路，互道「沙喲娜拉」。再見囉，朋友！

夏日聖境——民宿主人的憂心

第一次在富良野、美瑛騎腳踏車，老實說在丘陵地騎乘，要有一點本事。上坡難，有時要下來牽著車子走；下坡爽，但要不停地煞車減速避險。以前來時，一次參團搭遊覽車，一次搭JR美瑛號丘陵線觀光巴士。搭車當然比騎車輕鬆，不過騎車雖然累也逍遙，視野感受更是不同，偶爾「誤入歧途」，也有驚艷美景可得。高低起伏的田園景觀，因為季節與作物的更迭，有不同的色彩風貌，引起攝影家的追逐，才讓美瑛這塊大自然的拼布問世。

受盛名之累的美馬牛小學，只能遠觀禁止進入。意外闖進的向日葵、魯冰花花海，不吝以燦爛笑容迎人。四季彩之丘彩衣花田，繽紛綻放，花團錦簇。但漸漸山嵐瀰漫，開始飄雨，老天不留人了，本想看情況再留一天，天氣預報仍是陰雨，大概泡湯了。雨停後回到民宿，時間還早，找老闆聊聊。

民宿主人四十九歲，從東京移民北海道二十三年，是個漫畫迷。設有漫畫室，分享幾千本收藏的漫畫書，變成民宿的一個特色。我從天氣不好，談到地球暖化的影響，他說北海道冬天積雪量減小，夏天愈來愈熱，但晴天的日子卻減少了，對農牧業等的影響不小，當然也影響旅遊興致。（夏天是北海道的旅遊旺季，日本、台灣、港、星、中國旅客絡繹不絕。）

談到環境問題，他流露憂心。可是其實北海道的環境，已經很樂活了，對來自南國的我而言，夏天更有如聖境，大概是對酷寒冬天的幸福回報吧！

他說，過了旺季（八月下旬）人潮不見了，更能體會北海道原野之美，一定要再來體驗不同的四季風情，特別是冬天的感覺。夫婦在門口送別時，老闆還說：「吳桑，請下次再來喔！」

下午一點多，在美馬牛搭上開放式車廂的「富良野、美瑛ノロッコ号」小火車，雖然是非假日的周二，人還是滿滿的，洋溢著天倫之樂。薰衣草花田始祖的富田農場，ＪＲ鐵道在花季設置「薰衣草花田臨時站」，朝聖的人群在此魚貫下車、魚貫上車。人實在太多了，著名的彩衣花田也失色（枯了？），又下起大雨，有些失望。北海道的紫色浪漫由此發跡，盛名也讓它失去浪漫的氛圍。人多煞風景，人少好風景？

陰雨濛濛中，揮別了富良野，回歸相對紅塵的札幌。歸途的薰衣草號特快車，不見來時的喧嘩，是人少或者疲憊，車廂竟有些許寒意，回想這兩天相遇的那些人、那些花、那些事，才暖和起來。

旅行的樂趣可能在於，與許多人、景物，不停地相逢別離。你不知下一刻會看到什麼、會遇到誰？也不知彼此會有什麼觸動？無論深淺，相逢自是有緣；無論感受，別離是下個旅程的開始！

魯冰花花海。

縱貫日本：青春１８找回青春！

——慢車配遊輪，關西到北海道，三天一千六百公里漂流旅程

二〇一一年六月中，三一一地震後三個月，我安排了第三次日本Long Stay，這次是京都加札幌共三個月，計畫京都待約一個月，然後在京都猛暑前，七月中旬轉赴涼快的北海道兩個月。一方面嘗試兩地長住的新組合，一方面回顧多年未去長住的京都，一舉兩得。

京都赴札幌的交通，原想嘗試新的體驗，利用日本海輪船，從京都府的舞鶴（好詩情的地名）出發，去北海道小樽再轉往札幌。日本多元的交通工具中，包含住宿的海上漫遊可稱經濟實惠，又能盡攬碧海藍天，也是種行旅魅力。

留住「青春」煞費苦心

但到京都後，又被新的魅力吸引。先是，日語志工老師建議，看完日本三大祭之一的祇園祭前祭（七月十四到十七日）再離開。再者，暑假發售的「ＪＲ青春１８車票（ＪＲ青春１８きっぷ）」，是從七月二十日啟用，也讓我心動。這個一天二千三百日圓（現為二千四百一十日圓）「坐到飽」的電車

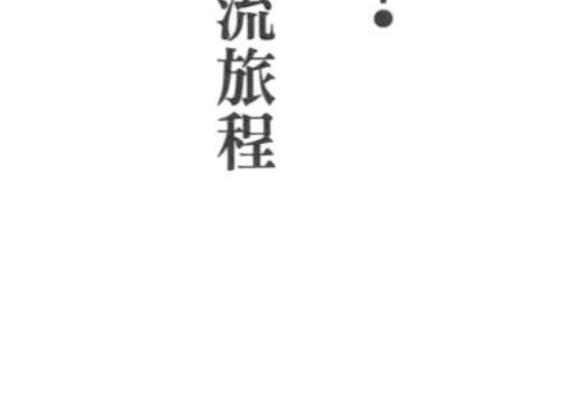

套票，以前雖然用過，但還沒用它做過「長距離鈍行之旅」（只能搭慢車與次慢的快速電車，還要一再換車）。這種年少漂流晃蕩的玩法，光想就令人興奮，很想重溫高中時慢車遊台灣的舊夢，再讓自己青春一下！另外，若利用電車北上，亦可順道拜訪多年未見旅居橫浜的姑媽。在多重效益誘惑下，決定改為二十日啟程，展開關西到北海道的三天電車之旅。

但經過多次沙盤推演，發現三天縱貫是不可能的任務。因為日本東北、北海道的普通車班次少，路線迂迴，從京都出發，三天根本到不了北海道，就算每天早起摸黑到晚上十點，也要花上四、五天。

這下子麻煩了！已經比預定到達札幌的日期晚了，「再延期」的要求對房東實在說不出口。只好一再上網搜尋，尋找既「青春」又快速的替代方案，一度還想第三天「破功」，不搭「慢車」改搭「特急車」如期達陣。後來終於發現在仙台港搭船，是漂亮的變通之道，不僅可以三天達成，

有的旅程，乘客少少少！

有的旅程，乘客滿滿滿！

又讓「海上遊」失而復得，從日本海變成太平洋，讓「青春１８」有個美麗的Ending，可說兩全其美。敲定的行程是，二十日從京都到橫浜，二十一日從橫浜到仙台，在仙台港搭船夜航，二十二日早上抵達苫小牧，再轉搭ＪＲ電車往札幌。

沒想到出發前夕，又碰上颱風來攪局，十九日的交通大亂，許多班車停駛。颱風是從關西、關東一路北上，擔心二十日出發「御風而上」，萬一電車誤點或停駛，卡在路上進退不得就慘了。想一想，還是禮讓「颱風先行」比較保險，被迫延後一日出發。後續行程大亂，鈔票也失血。

幾經變動波折，二十一日終於展開慢車加遊輪、三天一千七百公里縱貫西日本、東日本、北海道之旅！然而出發日搭車，就受到震撼教育洗禮，有個「青春」的啟程！

擠車震撼——「人肉三明治」

首日清晨六點多，先從「二条城前」坐地鐵，到最近的ＪＲ二条站換車（開始使用青春１８車票），再到京都站轉車往橫浜。搭地鐵列車出城的人是不多，但二条往京都則是進城的，上班尖峰人潮壅塞。為了後續八、九個換車點及十小時車程的流暢，我死命擠上車（也被擠上車），成了「人肉三明治」動彈不得。那時，真慶幸二十幾公斤的大行李箱，已在前一天請郵局到府託運取走，花了二千多日圓先寄往札幌，否則更難上車。

我身上背著背包，手提行李連放置地板的空間都沒有，只能一直提抱著，但重得不堪負荷，就隨著電車順勢搖擺下滑到壓著鞋面，才得到緩解與支撐。雖然車程僅短短七、八分鐘，但吹著冷氣依舊汗流浹背，口乾腳麻。這種擠沙丁魚的經驗，早年在東京見識過更大的，月台上人頭簇動，站務員必須推背擠人上車，才關得了門。這種鏡頭，旁觀者或許覺得有趣，但當事人實在不覺得好玩，當然若是色狼（癡漢）則另當別論。

下了京都車站月台，喝幾口水鬆弛情緒後，又快步前往換車月台，距離發車有七分鐘的轉乘空檔。京都之後的轉乘站，依序分別是米原、大垣、豊橋、浜松、鳥田、熱海、横浜，終點是横浜的關內站（関内駅）。約半小時到一小時換一次車，每個轉乘站有四分鐘到二十分鐘的轉車時間，時間充裕的可以慢慢來；時間匆促的，電車到站門一打開，就快步衝刺往接駁月台。一路上，這樣動作一致的乘客還真不少，可能也是「青春１８車票」使用者吧！

京都往横浜的七、八段旅程，除了有一段擁擠無座位外，其餘車程人不多甚至於空蕩，可以好整以暇眺望窗外景

在仙台登場的「人造人009」特色列車車廂彩繪。

色，時而吸睛時而打盹，絕對悠閒。所謂慢車或快速車，就如同台鐵的通勤電聯車，但不會那麼單調，因型號、新舊，而有不同造型與顏色、設備。日本鐵道旅行的迷人，電車博覽會即為賣點之一，光從各式各樣的慢車就可見端倪。

見百歲姑媽「最後一面」

到達橫浜姑媽家裡，約下午六點。百歲的姑媽，坐著輪椅，耳朵重聽，但氣色很好。表哥和她說起我的名字、家父的名字，一連串的提示後，喚醒老人家塵封的記憶，姑媽慢慢連結起來，問起了家母，但忘了家父已經過世多年。和我這個侄兒的印象連接後，到第二天早晨離開前，姑媽顯得有點興奮，問長問短的，還說：「為什麼那麼早？」「晚一點不行嗎？」我說，路途遙遠，要搭很久的車。她似懂非懂地。

日本時代高女畢業的姑媽，從事教職，又深諳太極拳，樹人無數，是個很陽光的長輩、老師，帶給許多人健康歡笑。退休後，住在移民美國的表妹家裡。八十歲左右離開冬天酷寒的北美，移居相對溫暖的日本橫浜，接受兒子的孝養。

翌日告別姑媽，兩個月後，九月二十一日姑媽過世。聽表哥說，九月日本「敬老日（敬老の日）」前，橫浜市政府來電說因為颱風來襲，會延後致送「百歲長壽者」的賀狀與祝壽禮，但知道姑媽情況不佳，立刻冒著風雨登門，及時為她的福壽雙全畫下句點。

二〇一一年夏天，我改變行程去拜訪姑媽，成為她生前最後一個會面的親戚。

＊＊＊

二十二日的「ＪＲ青春１８車票」，約七時五十分在橫浜的關內站啟用，之後的轉乘站，依序分別是東京的上野、宇都宮、黑磯、郡山、福島、仙台，終點是仙台港附近的中野榮站（中野栄駅）。約四十分鐘到一百分鐘換一次車，每個轉乘站有二分鐘到六分鐘的轉車時間，福島以後東北地區的班次減少，轉乘候車拉長為三十分鐘以上。這段旅程，也是靠大都會的區域——東京都，乘客多一點，愈往北走人愈少，進入東北，車廂幾乎空蕩蕩的，斜陽光影閃爍，伴著扣隆扣隆的車輪聲，卻有種奇特的寧靜與慵懶。

中午在黑磯站停留午餐，看不到超商，在車站的小麵館，別無選擇地吃了一碗偏鹹的蕎麥麵。黑磯是ＪＲ東北本線的起點，也是前往避暑勝地那須高原的巴士接駁站，當地輻射值偏高，雖是旅遊旺季，感覺冷清。兩個小時後，抵達核災所在地福島縣首府福島市，這裡有半小時等車時間，在車站周邊轉一轉，有著複雜難喻的心情。

鐵道旅行「走馬燈」魅力

福島到仙台的一個半小時，此刻青春18車票的旅程已近尾聲，有著達成目的、快要到家的輕鬆感。車窗外的景物像快速轉動的走馬燈，一幕一幕飛逝，兩天奔馳的快感即將休止，都會叢林、藍天綠野、山水平原，既真實又虛無，如同人生的場景。這也是鐵道旅行的另一個魅力。

仙台是日本東北第一大城，綠意盎然，有森林之都美譽。先在車站內外閒逛，感受一下這個城市的幽雅氛圍後，就去採買晚餐與海上夜航的食物，再搭JR仙石線到中野榮站，第二天的青春18車票，到此功成身退，兩天的長距離鈍行列車之旅也畫下休止符。

從中野榮搭十分鐘的巴士到仙台港，港區還是可見海嘯浩劫後廢墟廢料堆起的瓦礫山，殘存的二層樓旅客中心已恢復運作，只是電梯還未修復。從名古屋到仙台，再到苫小牧的航線，於仙台的開船時間是晚上七時四十分，一個小時前須登船，乘客多、排隊填表費時，比起搭飛機登機手續麻煩。

這個航線的經營公司太平洋輪船（太平洋フェリー），有三艘遊輪巡航，那天搭的是二〇一一年下水、號稱愛琴海風的新石狩號（新いしかり號），一萬五千噸，二百公尺長，可載客七七七人、汽車一百輛。因為是新船，設備、感覺都很新穎，票價也貴一千到三千日圓不等。

吃過晚餐、看過劇場表演與電影、泡過展望澡堂（風呂）、跑上跑下閒逛照相，學生、情侶、親子、家庭、朋友、老伴……，不同組合不同風情，青春世代就是活力十足。有人上甲板吹海風聽潮聲，或風中相摟喁喁細語，有人去瞎拼、去唱卡拉ＯＫ、去電動遊樂場、去讓機器馬殺雞、去吸菸室吞雲吐霧；有人喝啤酒、喝咖啡、打牌、聊天、看書、上網、發呆……。一艘船一個世界，看著想著，就是幅奇妙的浮世繪。

太平洋夜航「床事」兩樣情

夜深了，該睡了。離開那些三三兩兩，情緒正High、夜未眠的青春世代，躡手躡腳回房。船身波浪起伏的節奏與隱約沉穩澎澎的馬達聲，應是美好的搖籃曲。惜非今夜。

我的艙等是二等和室，也就是團體房。雖然是大噸位的新船，但覺得床位滿小的，和航行瀨戶內海遊輪的團體艙床位差不多。已是暑休旺季，床位幾乎客滿，一個蘿蔔一個坑，想要奢侈多擁有一個空位是不可能的。

萍水相逢有緣共眠，左右床伴打照面時，都有禮貌微笑點頭，結果待遇迥然不同。左手邊是位氣質婦人，右手邊是位粗壯大男生。回房時，婦人已睡男生未歸。這個晚上，左線十分矜持，我也不敢越雷池一步，當然一夜無事；右線一再受敵，屢遭攻城掠地，常被晚歸沉睡翻身的男生大腿跨壓上來，幾次被我反壓回去歸位，戰況激烈，無奈一夜難眠。

半睡半醒昏昏沉沉至天明，錯過了清晨四、五點的太平洋日出。再上甲板看海，黑夜白天風貌不同，海天濛濛滿布陰霾，即使早起也看不到日出吧！北國淡淡的風寒，倒是無比清爽舒暢。七點鐘左右，大廳、餐廳恢復昨夜的喧嘩熱鬧，原想去吃個熱騰騰的自助餐，但昨晚採購的食物還有存糧，就忍一忍先清倉吧！

九點半，大廳響起清脆的鋼琴聲，熟女琴師開始彈奏一曲一曲通俗優美的旋律。有些人點了咖啡甜點，靜靜圍坐聆賞，有些人坐在通廊沙發望海，樂聲悠揚婉轉流瀉，一趟悠閒浪漫的太平洋遊輪，已經慢慢接近終點，日本的最後淨土——北海道。

二十三日早上十一點多，遊輪停泊苫小牧港，再轉巴士到苫小牧站，輕鬆地用過中餐後，再搭ＪＲ電車前往札幌。在二〇一〇年夏天Long Stay札幌後，隔年夏天又回來了。

京都到札幌，三天約換了二十趟車、二十小時車程加上十五．五小時遊輪航程，縱貫東、西日本、北海道的青春之旅，真的是「青春１８」的疲勞，也是難忘有趣的經驗與挑戰。

魚貫登船的車輛。

郵差總按兩次鈴

──郵差與宅配代勞，減輕旅行負擔

旅居日本，偶有人來按門鈴。有收舊報紙的，會先在信箱留紙條，隔兩天再上門；有NHK收費員，日本公視是要付費的，碰到我這種短期居住的老外，如何計費有些困擾，就打折收取；有傳教者，一見是獨居老外，隔些日子又找來教友拜訪關切，希望我去教會做禮拜。

其中，接觸較多的是郵差（郵便配達人）。在京都報名日語檢定考，在札幌申辦銀行帳戶，以及購物、台灣寄來東西等，會有掛號郵件與包裹上門。日本和台灣的郵件投遞服務不同，可能因為競爭與重視服務品質，郵政服務不輸給宅配業者。掛號（書留）或包裹（パック）以上的郵件，假日照常投遞，不管幾層樓、有無電梯，都送到家，若無人在家會留通知單，等收件人聯絡約定時間後再送達。

日本通常投遞一次不成，郵差會留置不在家的通知單（郵便物等ご不在連絡票），請收件人打電話、傳真或上網登記，約定再投遞日期、時間，而且從早上九點到晚上九點，有五個時段可選擇。另外也可指定送到上班場所、請鄰居代收、至本地郵局或其他郵局領取，考慮得十分周到。

當收到郵差通知單時，我多是上網登記指定再投遞時間，免得用電話吐不出日語，說不清楚、講不明白。但為求盡快再投遞，還是有打電話「雞同鴨講」的經驗。

首次札幌長住時，先借用女兒朋友惠玲的日本手機，後來惠玲要來日本需物歸原主，女兒就寄來她的日本手機。女兒寄出後，為想早拿到新機、寄出舊機，我根據掛號號碼，一直上日本郵便局網頁查看追蹤，看郵包旅行到哪裡？發現已經到達札幌後，第二天一直在家等候，但到了下午四點仍無動靜，忍不住打電話問郵局：「這個區域的送信時間？我正等著今天的包裹……」。

郵便局小姐問我姓名、電話、地址、通知單號碼，我說沒有通知單號碼，只知道郵件號碼（追跡番号），她說：「有啊」顯然聽不懂我的意思，以為我是聯絡再投遞的時間。再賣力說明後，她終於聽懂我問的是「送信時間」，她說這要花一點時間，要我等一下，就變成一直在聽音樂，後來想手機費很貴，掛了電話。隔了一個小時郵局來電一再致歉，約好晚上七至九點送達，果然屆時就收到了。

使命必達，郵局長開車接送

以國際快遞歸還惠玲手機，還有故事。手機寄出後隔日，郵局突然打電話來，提到電池的問題，我聽不懂，就說去一趟好了。郵局分局長拿出影印說明指出，飛機禁止寄送手機、相機鋰電池，可能要帶我去總局取回。我說ＯＫ，他說再連絡了解看看，請我先回家等候。沒想到回家不久，他就來了，還說最近很嚴，Ｘ光機嗶一聲被發現就退件了，寄不出去。然後約好二十分鐘後，開車子來接我去總局。

札幌總局承辦員拿出套了新信封，準備退件的手機，徵求我同意取出電池，然後又重新封好，帶我去的分局長，幫忙註明「沒有電池（電池がなし）」，承辦員再貼上新標籤，還說：「這樣可趕上飛機了。辛苦了，讓你們跑一趟。」

日本人的認真、規矩，服務的誠意與周到，在此又感受到了。可能郵寄時，他們也不太了解規定，覺得有疏失吧，分局長花了兩、三個小時處理及專車接送，及時解決問題，不延誤快遞時間。我一再稱謝，他說：「不，不要這樣說。」拆下來的電池，後來改寄給惠玲東京的朋友請他代收，這次郵局有經驗了，就注明「陸運」寄送！

郵差的專長是找路、找人，這個本事，日本郵差更強。因為他們的路標不清楚，房子是「有地址，沒門牌」。在日本找路、問路，光拿地址是行不通的，一定要印或畫個地圖輔助，按圖索驥，以圖問路，比較容易成功。除非大目標或知名的場所，否則沒拿目的地的簡圖，連問人都有困難。

有一次住京都的周租公寓，下雨天朋友來訪用餐，朋友叫了附近的餐廳外送壽司，送來時還打電話求助，我們得下樓引導才找得上門。原來我們忘了說公寓的名字，光說「X號X室」難以確認，不得其門而入。有地址沒有圖，對餐廳業者都是挑戰，更別說是一般人了。所以，日本郵差好像街道的活地圖，找路若遇到郵差，問他們就對了。

日本旅行，郵差（包括宅急便）也可幫忙減輕行程負擔。二〇一一年從京都赴北海道（請見127頁〈縱貫日本：青春18找回青春〉），出發前兩天上網預約托運大行李，前一天郵差來住宿的公寓收件，帶小磅秤秤重計費、綁好二十幾公斤重的行李箱。從沒有電梯的四樓，扛行李箱下樓，風雨天，郵差先生辛苦了！其實，郵局離住處不遠，自己拖過去可少收一百日圓，但我不敢有省錢的念頭。當時預約這公寓時，沒注意到沒電梯，剛來那天整個傻眼，災難地拖行李上樓，記憶猶新。

大約十年前，發現日本宅配行李的方便性，開始利用超商寄送大行李，到下一個主要落腳點。當時用JR鐵路七天周遊券，從福岡搭新幹線出發，規畫大阪與東京一晚、函館兩晚、美瑛與旭川各一晚，札幌三晚。在福岡先把行李箱寄到函館的民宿，離開函館再寄到札幌的飯店。等於定點住宿時，有行李箱伺候，長距離搭車移動時，沒拖行李箱的麻煩，隨身只帶二、三天所需衣物的背包或旅行袋。這樣途中任何遊覽都無負擔，一路輕鬆自在。

寄送行李服務，除了超商、機場受理外，也可到旅館、住家收取。有些飯店和業者合作代收，費用比超商優惠。托運的行李箱，通常限制長、寬、高加起來不逾一百六十公分，重量不逾二十五公斤（郵局三十公斤），就可寄送。費用視距離、大小，由七、八百日圓到二、三千日圓不等，和寄放車站等投幣式寄物櫃的費用差不了多少。旅行不拖行李，更能趴趴走，輕行囊少束縛，玩得悠閒，值得。

一個人生活嗎？

另外，日本郵差，不只是郵差，也好像是社工人員。我多次被問「一個人生活嗎？（おひとり暮らしですか）」，宅配業送貨員就沒這樣的詢問。不知他們只是關切，還是會登錄通報社工？不過自二〇一三年開始，日本百餘家郵局已試辦郵差訪視獨居老人、代為購物的服務，現已成為收費的長照業務。高齡少子化的社會，每天來壓馬路的郵差，即使不是社工，也是朋友吧！

美瑛四季彩之丘。

札幌圓山，一路盡是原始林。

第三章 秋之卷

睡車上，住湖畔：兩個台日歐吉桑，一台車凸半個北海道之一

——星空海岸天鵝湖・最北幸福旅情

雖說台灣人比日本人熱情，但旅日認識的老師與朋友中，也有很熱情的日本人，平山慶三先生就是其中一位。平山桑才和我三度謀面，也無機會多談，就邀我去泡湯袒裎相見。日本人雖然愛泡湯，但若無相當交情，不會相約去浴場。

平山桑和台灣很有緣，與弟弟都娶了台灣太太，因為愛屋及烏與熱情的個性使然吧，很熱心幫助、支援旅居北海道的台灣人與學生，是留學生社團「台灣—札幌百合會」的主要支柱。

他比我大兩歲，二〇一〇年初識時我已快要回台，大概年齡相近，又覺得一個台灣歐吉桑浪跡北海道，是個「怪咖」，需要保護。為讓我賓至如歸，邀約泡湯吃飯外，回台前兩天，又開車載我出遊，去他家裡喝茶，介紹夫人相識，最後參加台灣駐日本札幌辦事處的國慶酒會，行囊滿滿，充滿回憶地畫下句點。

前世，是台灣人？是日本人？

平山桑曾說他「前世可能是台灣人」，才那麼喜愛台灣，習慣台灣的風土民情。我告訴他，我太太說我「前世可能是日本人」，去日本那麼多次，也不嫌膩。哈哈，兩個人確實有共通之處。

隔年從京都去札幌，ＪＲ青春１８套票還剩三張，去二世古等地巡遊再用掉一張，剩兩張打算回台前去道東（北海道的東部）地區旅行。平山桑聽了也想去，他挪開工作還加碼道北（北海道的北部）地區，進行一趟隨興、刺激、我從未體驗的「車中泊（睡車上）」之旅。

出發那天，平山桑來札幌接我，才知他未訂行程與旅館，我有點擔心又有些興奮。開車隨興所至，瀟灑，這個好！睡車上，不舒服、有蚊子？這個嘛……

先去平山桑距離札幌一小時車程的石狩市的家，把棉被、睡袋、瓦斯爐、飲水等裝備搬上廂型車，平山桑是建材業者，這是他的貨車，車上兩旁擺的木板箱，就是我們行動旅館的床鋪。

有著台灣中部人親切、爽朗特質的平山太太，拿來一大袋餅乾零食，笑著跟我說：「你要跟他去受苦了！」她說平山愛玩，玩得很克難簡單，自己樂在其中，別人不見得能適應，「有問題要說喔，不要勉強」。哈哈，她怕我受不了餐風露宿，先打預防針！

我們從石狩出發，沿著國道二三一、二三二號濱海公路迤邐北上，鄉間原野的美景，海天一色的日本海，一路迢迢開闊廣遠，交錯在眼簾。北國夏日的陽光，熱而不灼灼逼人，悠哉而行，慵懶旅程。中午在超商買便當，坐在門口椅子，就解決了民生問題。途中去了日本最北端的重要文化財——明治時代鯡魚漁工的宿舍「舊花田家番屋」，有渡輪開往燒尻島、天賣島（天売島）的羽幌町港等地，充滿海洋氣息之旅。

平山桑開玩笑說，讓你整天看海，很快就膩了。說得沒錯，隔天就有點視而不見。不過海天之外，總有不同的景觀、話題，可看可聊。平山桑指出，北海道公路上路桿，掛有懸在半空向下的紅箭頭指標。那是冬季積雪時，方便駕駛人辨識路肩界限，免得衝出道路的設計。另外海風強勁路段，也架設擋風牆，在冬季張開使用，保護人車安全。

平山會儘量講簡單的日語，我也竭盡所能的「凸」日語，若「聽無」但一定要說的，有機會就用漢字筆談。長途開車，除了找景點多休息，我也一直找話題開講，免得打瞌睡，傳染給辛苦開車的平山桑。

平山雖是台灣女婿，但長住日本，只會講幾句國、台語，聽無卻愛聽台語歌。明明在日本國境之北，車上錄音帶卻播著台語金曲選輯，「愛拚……、媽媽請……、懷念……」等老歌，如果不是景觀與對話語言不同，兩個歐吉

北海道公路的紅箭頭指標，幫助積雪時辨識路肩。

桑坐在廂型貨車，好像在台灣國境之南，奔向恆春的旅途上，很台！

一個月後，平山桑刻意把兩個大學畢業的兒女，送到台中學中文。台中離太太的故鄉南投較近，另外中部比較有台語的環境，他希望兒女即使學國語，多少也能聽懂一點台語，那是媽媽的母語。我後來也去台中，送幾片江蕙的ＣＤ給平山桑，讓他跟上正夯的台味！

車中泊初體驗，半夜如廁練膽量

第一天原訂計畫到達日本最北邊的稚內市，車程約三百公里，差不多台北到高雄的距離。但只開了二百公里，因緣際會就被初山別海岸的魅力給吸住（請見１５６頁〈小鎮的兩位台灣醫生〉）。看了落日，飯也吃了，湯也泡了，天也黑了，就在「道路休息站☆星星浪漫街道初山別（道の駅☆ロマン街道しょさんべつ）」的停車場，獻上車中泊的初夜。本來我是屬意海邊露營場的美景與星空，平山桑則覺得

車上有很台的錄音帶。

我們的行動旅館與木板床。

道路休息站的停車場比較亮、比較安全。

車中泊當然談不上舒適，卻是難得的體驗，也省下大把銀子。我這個瘦子不長肉，雖然墊著毯子，睡木板箱「硬碰硬」仍有點痛。木板寬度不足以翻身，平躺側睡就在侷促之間，幾次腳已下床朦朧一驚縮回，未滾落床下。這是初夜，後來幾夜，神經機能已懂得掌握分寸，相安無事。

北海道夏天日夜溫差大，特別是山野晚上很冷，需要厚外套保暖。睡車上即使和衣而眠、蓋著棉被，我還是把外套蓋在被子上。平山桑沒有我這麼麻煩，北方人不怕冷，他只帶了薄外套。天冷有好處，睡得沉，原來擔心的蚊子，因車窗緊閉也沒，其他蟲蛾問題，只要注意車內燈光別開啟，也不會招引牠們。倒是如廁比較麻煩，半夜起床披衣瑟瑟而行，燈光明亮、廁所近還好，可是最後一晚在然別湖，夜燈黯淡又要穿越樹林，天地靜寂林木幽深，廁所燈又壞了，推門而入隙光下方便，真要有一點勇氣。

北國夏天晝長夜短，天很早就亮了，第二天不到六點即起床，梳洗過後，平山桑就把車子開到天文台旁的露營區停車場，居高臨下俯瞰整個初山別海岸，淡淡晨光中，盡情擁攬海天美景，悠哉悠哉地泡茶，吃一頓簡單卻豐富的早餐。看到露營區，幕天席地睡帳棚，與睡在露營車、汽車內的人不少，平山桑也改變想法，後來幾天不再睡道路休息站的停車場了，全部進駐湖畔露營區，除了去溫泉會館泡湯，作息都在露營區。開門湖光山色、蔚藍海岸的魅力誰能擋？

有了初山別的初體驗，我們在地圖圈選第二夜的最愛，目標為浜頓別町的クッチャロ湖。行程先繼

續沿日本海北上到稚內市，再到日本國境最北端的宗谷岬，然後走二三八號國道，沿著西太平洋的鄂霍次克海南下，全程約兩百多公里。往稚內途中，遊覽了利尻禮文佐呂別國立公園的幌延遊客中心（ビジターセンター），以及豐富町的兜沼公園，這裡也有設備齊全的露營場。

快到稚內時，平山桑預告要放我鴿子，去探視一位環境困難的朋友，不方便我隨行。車子進入市區繞行一會兒，了解大概動線後下車，開始我的個人行程，在稚內港周邊漫步，清新的空氣中泛著淡淡鹹腥味，走著走著盡是漁船、海鷗、藍天白雲交織的風情。

最北旅情，天鵝湖劃下休止符

一個半小時後，平山桑來最北的稚內車站接我，去剛剛逛過的副港市場吃海鮮，下午三點告別日本最北之城，再去一個小時車程外的宗谷岬，不能免俗的在「日本最北端之地」紀念碑留影。然後，行程開始往南走，到最北之湖クッ

平山桑在日本最北端的宗谷岬留影。

海鳥是我們的旅伴。

チャロ湖後，結束這一路以「最北」為賣點的旅情。

傍晚五點半，抵達浜頓別町的クッチャロ湖時，剛好趕上落日。我們在露營地停車場找了一個好位置，好像全景面湖的貴賓席。平山桑把折疊桌椅搬出來，坐擁湖濱夕照，又是一頓簡單而豐盛的晚宴，餐後，還有湖畔的浜頓別溫泉會館等著我們去泡湯，十足北國夏日的氛圍，很享受。

第三天清晨五點起床，又稱「白鳥の湖」（意即「天鵝之湖」）的クッチャロ湖波光粼粼一片靜謐，聽說春、秋候鳥遷徙時，這裡是數千隻小天鵝與幾萬隻水鳥棲息的別墅，很熱鬧。露營區有騎自行車、重機車、開汽車等各種旅人，在北海道最舒適的夏日時光，和大自然相擁而眠，被晨曦天籟喚醒，與美麗的湖景約會共進早餐，很幸福。

天鵝湖再見了，是離別的傷感嗎？一路陰霾轉而傾盆大雨，三百多公里外的屈斜路湖，正召喚著我們，還有一位神秘嘉賓即將現身。

暮靄下的クッチャロ湖。

睡車上，住湖畔：兩個台日歐吉桑，一台車凸半個北海道之二

——浪跡北國攝影家．道東湖濱散記

第三天，原本不想跑到那麼遠的屈斜路湖，道東地區的網走市周邊，有北海道最大的サロマ湖，以及能取湖、網走湖，應都是好的下榻處。可是老天不留人，此趟無緣且待下一趟。

在枝幸町的千疊岩海濱公園休息後，一路風雨又濕又冷，在道路休息站午餐待很久，雨也沒有要停的意思。二三八號國道左側，嗚咽地鄂霍次克海一片灰茫憂鬱，到了サロマ湖只見惡水不見碧波，什麼景物也看不見，車上匆匆一瞥即離去。大自然就是如此奇妙，當它不想見你時，顯現黑暗面，而非光明面，更不會呈現最動人的一面。

快到屈斜路湖前半個小時，平山桑預告今晚不睡車上，去住旅館。他今天夠累了，開了八個多小時的車，是該好好地休息。我也樂於睡得更舒適，車中泊與旅館泊交替，更有意思。平山又說，介紹你認識一位攝影家朋友，他已訂好今晚的旅館。又來了，平山桑總是費心地安排意外插曲，希望給我豐富之旅。傍晚六點到達湖畔時，天空意外撥雲見日，夕陽渲染湖面成一片金黃，昭告明天是個好天氣。

逐水草而居，以車為家

湖畔小旅館。和室，三個男人喝一點啤酒，各自從超市買來的食物，壽司、生魚片、漬物、炸物、生菜沙拉、便當等擺滿桌子。我和平山與酒國無緣，只能小酌，我也不愛吃生魚片，一頓飯三個人三個調。另外，飯前才泡了露天溫泉，夜深時分，他們又去泡了一次，平山桑在隔天早上又泡一次；日本人也太愛泡湯了。那晚談興熱絡，他們老友相聚笑談往事，話題也會投注於我，不過我對攝影家有更多的好奇。

攝影家齊藤隆[1]，年輕時曾與平山桑共事，因為喜歡攝影，深為歐洲的風景所感動，後來發現北海道的景觀很歐風，開始戀戀北海道，成為專業的攝影者。齊藤桑的工作就是旅行與攝影，除了冬天回到東北老家山形縣外，長年在北海道走透透，追逐風景捕捉鏡頭。一部廂型車載著生活與工作家當，隨著季節變換，逐水草而居。我與平山桑，只是玩幾天車中泊，他則幾乎天天以車為家，只在慰勞自己或特殊狀況時，才投宿旅館。

齊藤桑的作品，除了供應圖書館等學術與出版機構外，大多

屈斜路湖晨曦。

印製成明信片，在北海道各風景名勝販賣。他送我六套風景明信片，沉靜樂活、賞心悅目的北國風情，躍然紙上。我很好奇浪跡天涯，攝影創作即可維生？平山桑說沒問題。我也太沒程度、小看藝術家了。

我雖愛去日本自助遊，但再怎麼簡單的行腳，也比不上齊藤桑的簡樸不羈、四海為家。隔天五點我去湖濱散步，晨光山嵐和一隻天鵝的倩影，已吸引齊藤桑屏息對焦守候。終日與自然原野為伍，爽朗直率、好相處的齊藤桑，才是真正的人生旅人。

第四天，由齊藤桑導覽慢遊，帶我們去一些私房景點，晚上仍住屈斜路湖。他們恢復當車床族，我為了上網需求，去住青年旅舍。因為平山桑載我開車出遊，我把剩下的二天份「ＪＲ青春１８車票」上網拍賣，即將結標，因使用期限到九月十日，若有人下標需儘速聯絡寄件，而昨晚住的旅館無法上網。

旅館用過早餐，送我去屈斜路原野青年旅舍寄放行李後，我們開始巡遊屈斜路湖、摩周湖、裏摩周、硫黃山、多和平牧場展望台、神之子池（神の子池）、九〇〇草原牧場和一些溪流。

秘湯男女混浴，不見女生

屈斜路湖是阿寒國立公園最大湖，湖岸有多處免費露天溫泉，而且男女混浴。去了很迷你，好像在湖中的「コタン溫泉」，男女浴池只隔了一道石頭，看到泡湯的男士，可惜未見有勇氣的女士。日本透

注１：斉藤隆（Saito Takashi），作品「カインズ北海道」。二〇一五年與齊藤桑在釧路重逢，說有讀者看了本書訂購他的作品。因年紀大了，近年已較少浪跡天涯。

明度第一的摩周湖，有「霧之摩周」神秘感，這次舊地重遊難得晴朗迎人。神之子池，源自摩周湖伏流水與倒木交錯，構成清澈夢幻的青綠色光影，不愧被稱為「神的贈禮」。多和平、九〇〇草原，一望無際的全景視野，讓人心曠神怡。齊藤桑引領我們去看他風景明信片攝影的焦點，那是經過守候與偶然邂逅瞬間的傑作，不是我這種傻瓜相機能捕捉到的。哈，私房景點即使揭秘了，外行人也只能看熱鬧！

中午太陽很大，找了一處道路旁停車彎，用車廂遮陽，就在路邊野餐，這是北國夏日才有的瀟灑嗎？熱而乾爽、空氣清新，俗俗的野宴，也變雅宴了。若在南國台灣鄉間，路邊即便沒有空污，也會找個樹蔭納涼吧？或者，乾脆躲在車上吹冷氣吃便當？

傍晚回到屈斜路湖畔，此行最豐盛的ＢＢＱ烤肉大餐登場。平山桑的車廂像百寶箱，烤肉爐具、平底鍋、瓦斯爐、碗盤等全派上用場，超市買來的肉片、肉串、魚、蔬菜、醬料等，逐一調理大快朵頤，金黃夕日湖光靜靜地陪伴著，直到我們滿足了，才熄燈暗寂。他們送我回旅舍，今夜，我是文明的旅人，他們還是湖的子民。

第五天一早，平山桑再接我回湖畔泡茶，共享麵包與煮玉米早餐。這處名為「砂湯」的湖畔，沙灘是溫暖的，因為挖挖砂子就會湧出溫泉。今天，掛著單眼相機，隨時凝視人生、傳播美麗國度影像的齊藤桑，就和我們告別了。每個人有每個人的方向與旅程，相逢自是有緣，珍重再見！翌日，在然別湖晨曦中，看到涉水拍照的攝影者時，想起幸會的齊藤桑。他們專注的身影，都是美麗國度的風景。

離開屈斜路湖，開始往回家的方向走，預定第六天回到札幌。平山桑本來打算陪我玩一星期的，但我答應日語志工老師，幾天後去一所小學和學生交流，必須早一點回去做功課，免得漏氣。今晚的車中泊，選在二百公里外的然別湖，我們已成為戀湖一族，無湖不歡。

路途中，首先去找郵局，把網拍賣掉的ＪＲ青春１８車票寄出。二天份的車票賣了四千日圓，去住青年旅舍花了三千三百日圓，其實並不划算，只是物盡其用，免得浪費了。這天行程，可俯瞰整個屈斜路湖美景的美幌峠，以及阿寒湖附近，北海道三大秘湖之一的オンネトー湖，都是值得一遊；廢線車站與道路休息站結合的相生鐵道公園，也宜休憩。曾去過的阿寒湖，限於時間，遺憾過門未入。一路走馬看花，到了然別湖時，也已近黃昏。

一夜不便，得到美麗回報

然別湖標高八一〇公尺，是北海道海拔最高的湖泊，景致綺麗，每年冬天在湖上建構的冰村，名聞遐邇。露營區在湖北岸，與湖之間隔著原生林，感覺設施有些老舊，離溫泉

霧之摩周湖難得晴朗。

平山與齊藤桑正準備湖畔BBQ大餐。

區有些距離，而且山路狹小，入夜後一片黯淡、無處可去。平山桑忍著泡湯的念頭，我們早早入眠。幾度離車如廁，穿越蕭瑟陰鬱林木，心裡感覺陣陣寒意襲人。

一夜不便後，清晨得到最美麗的回報，然別湖以山巒疊翠之倩影，讓人大飽眼福。離開露營區後，到溫泉區湖畔碼頭邊，大費周章地把桌椅、瓦斯爐、茶具等，從停車場搬到湖邊，刻意安排一個望湖的悠閒早餐。接著做了這次旅行中，唯一的搭船遊湖，欣賞漂亮複雜的湖岸與恆古留存的林相。

平山桑知道，我去年去過「鐵道員」拍攝地幾寅車站與金山湖薰衣草田，特地繞路讓我回味一番，他則是初次遊覽。幾寅（幌舞駅）繼續傳頌著鐵道員的故事，雖然過了薰衣草花季，金山湖依然碧波蕩漾、無限柔情。

傍晚回到札幌，結束了北國大地奔馳之旅。八月二十四到二十九日，六天五夜車中泊，對於習慣吃好、睡好的旅人，正如平山太太所言，有點苦頭，但絕對值得。

兩個台日歐吉桑，好像一對哥兒們，遨遊道北、道東、道央（北海道的中央地區）地區一千三百公里，一台車跑了半個北海道。日本海、鄂霍次克海、初山別海岸，クッチャロ湖、サロマ湖、屈斜路湖、摩周湖、然別湖、金山湖等，以及許多湖沼、清流、溫泉、露營區，這趟追逐湖海原野的旅情，難以忘懷。

有秘湖之稱的阿寒オンネトー湖。

神之贈禮的神之子池。

小鎮的兩位台灣醫生

——療癒系海岸，初山別的邂逅

道北、道東旅行的第一天下午四點多，當車子緩緩地駛進北海道北西部濱海小鎮「初山別村」時，我不知道等著我的是他鄉遇鄉親的邂逅，與綺麗的星空海岸。

平山先生放慢車速，神秘兮兮地說：「帶你去看一位朋友」，我說：「好啊，什麼朋友？」他笑而不答。幾個小時前，他才偏離濱海公路，在鄉間小徑東繞西繞，去探訪退休後在山野買地蓋屋，半自給自足生活的親友夫婦。可是未先聯絡，吃了閉門羹。

平山桑停車問路後，車子又回頭開，轉進市街找了一下，竟然在寫著「初山別村立診療所」的醫院停車。他說：「不知醫生下班了沒？」我有點納悶，不是要找朋友嗎？怎麼來這裡？就問：「要看病啊？」他笑著，進門問了護士知道醫師還在，回頭笑著對我說：「台湾人の先生ですよ。（是台灣醫生喔！）」。我嚇一跳說：「真的嗎？」

這一路上，平山桑已兩度「脫軌」演出，有心讓我增廣見聞，但異國鄉下會鄉親這樣的安排，也太意外難得了。

其實，平山桑與初山別診療所的李文傳醫師，也只有一面之緣。他們是在台灣駐日代表處札幌分處舉辦的中秋餐會上認識，平山桑藉此次旅程順道拜訪，讓我們不期而遇，意外地進入李醫師的私房景點，療癒系的初山別海岸。

診療室內，李醫師熱情相迎握手，和平山以日語寒暄，我還半信半疑地問：「先生は台湾人ですか。（醫生是台灣人嗎？）」，他才用國語說：「我家住台北萬華。」

聊一會兒後，已經休診的李醫師邀我們一起去海邊走一走，他說初山別海岸很漂亮，有天文台、露營場、小木屋、溫泉會館。他常去看夕陽、泡溫泉，很喜歡那裡迷人寧靜的感覺。「晚上住那裡也不錯喔！」平山說：「可以去看看，但今晚預定到稚內……。」李醫師說：「那就吃個飯，泡個溫泉再走好了。長途開車也要有體力啊！」

李醫師先帶我們回家，換個便服再出門。住家是由村公所提供的，非常雅致溫馨，緊鄰學校視野很好，窗外一片樹林，綠意盎然。原本闔家同住，孩子上國中後，太太和小孩

黃醫師伉儷來飯店探視筆者。

李醫師與筆者合影。

搬去學習資源豐富的札幌市，變成醫師獨居。

星星浪漫街道，擁抱蒼穹之美

李醫師推薦的地方，是初山別村最大觀光點「岬台（みさき台）公園」，廣達二十公頃的海岬公園，位於海岸高地，下方有小漁港與海水浴場，面對日本海，可遠眺利尻島等美景，有個又長又浪漫的名字：「道路休息站☆星星浪漫街道初山別（道の駅☆ロマン街道しょさんべつ）」。哈，名字真不好記，但景色卻真的好浪漫，尤其晨昏時光更迭、光影幻化，與沐浴星空、擁抱蒼穹之際，那真的是美。公園為降低光害，方便觀看滿天星斗，晚間也刻意減少光源。

那天有些雲層，無緣親炙海上落日，可是涼風徐徐，暮靄沉沉暈黃疊疊，那份夕陽歸隱天地相擁的靜謐美景，讓人安穩屏息、佇足流連。

李醫師在溫泉會館餐廳請吃晚餐，聊到我們來訪，他說曾有一位七八十歲、日語流利的台灣遊客，旅行到附近的城市，

療癒系海岸——初山別。

聽人說初山別有一位台灣醫生，就搭一個多小時的巴士來看他，足感心。他是醫學系畢業後留日，然後在日本行醫。二十多年前，日本為解決偏遠地區缺乏醫生的問題，曾經大量招聘戰前受過日本教育的台灣醫師進駐「無醫村」，擔任診療所所長，備受重視與禮遇。當時，我的六姑丈也曾結束診所赴日，在靜岡縣鄉間服務，直到七十餘歲退休返台。李醫師在初山別服務多年，曾在北海道的積丹、小樽等地待過，是年輕輩的無醫村醫師。

異鄉懸壺，有甘有苦。提到當地的特產糯米，他覺得若能像台灣那樣包粽子販售，也許能成為「名物」挹注偏鄉經濟，流露對第二故鄉的關切。談到北國夏日之美與冬天的嚴酷，那種對比與哲理，非當地人恐難以體會。特別是嚴冬，皚皚美景的背後，有著重重的考驗。李醫師每隔一、二星期，會開車回札幌與家人相聚，他說有時遇到風雪交加的日子，海岸公路能見度不到一、二十公尺，開著大燈危危前行，不見天地，只見蒼茫，一路戰戰兢兢。聽李醫師敘述，那畫面好像怒海孤舟，

海岬公園向日葵花海。

握著方向盤，就像握著生命，在深邃難測的雪國，似乎烙印著人的渺小與堅毅。

告別李醫師，與平山桑泡湯之後，考慮開夜車兩個小時前往稚內，既無景色可看也危險，就在溫泉會館停車場，做了道北、道東旅行的第一夜「車中泊」。隔日早上回到日本最北端的天文台旁看海，悠閒地泡茶吃早餐，再前往稚內。（請見〈兩個台日歐吉桑，一台車凸半個北海道之一〉）

有「療癒的村落（癒しの里）」之稱的初山別海岸，若沒有李醫師的嚮導，我們可能就Pass過去，不知轉個彎就是桃花源，也無緣體會初山別之美。多虧平山桑，刻意在未告知的情況下，找找看、碰運氣，才有這段驚喜、美好的浪漫之旅。

旅行中，除了繽紛的大地見聞，人的邂逅也是一幅奇妙風情畫。

後記：二〇一七年六月一人旅，重遊初山別拜訪診療所，李醫師休假，不期而遇的換另一位黃士哲醫師，看診空檔打擾才知，親友轉介我的書，促成他也去北國行醫的緣分。黃醫師年輕留日後回台懸壺，二〇一六年退休再赴日，除與李醫師輪流看診之外，曾去知床半島的羅臼駐診，兩年前則轉往南富良野町幾寅診療所服務。奇特的是，幾寅也是與我有緣之地。

那晚黃醫師伉儷特地來旅館看我，送我滿滿的土產，讓我巡遊北海道解饞。我住的是的初山別「岬の湯」溫泉飯店，只是首次睡停車場，這次能睡房間了。緣分實在奇妙，因為平山桑、我的書，連結了兩位台灣醫生，在北國偏鄉的療癒系海岸相逢。

日本人的幸福遊憩空間

——車中泊、露營，日本遊的另一種選擇

在一般都會區，日本人的居住空間大多十分狹小，但家門外的公共空間，卻相對開放舒適、人性化。這點在此次的「睡車上、住湖畔」之道北、道東周遊旅行中，更充分體會到日本遊憩空間的方便、舒適、優美，到處都有樂活的休閒環境，真是幸福。

日本是國土狹長，南北長達二千八百公里的島國，海岸線曲折，多島嶼、峽灣，氣候四季分明變化多，又是火山、溫泉、森林大國。在此地理環境下，自然風貌豐富多樣，為了方便親山親水與發展觀光，所以建設了許多完善的旅遊設施，這點或許早為台灣遊客所熟知。但是野營風氣興盛的日本，到處都有好的露營區，且氣氛不輸或更勝度假村，這可

夕陽丘營區。

金山湖營區。

能就是國人比較陌生的。

根據日本露營場搜尋網站「なっぷ」登錄的資訊，全國有五千多個公民營露營場，其中北海道就有四百一十餘個，數量極為可觀，可說風景優美之處、山巔水涯都有露營場。

露營五星級，更勝度假村

這些露營區有大有小，除登高、探險等簡易型營地外，大眾化營區多是設備齊全、乾淨、安全的。營地有管理棟，供應簡單餐飲、食物、用品等；有炊事棟、炊事桌、洗濯台或簡易烤肉台；除衛浴間外，生水都可飲用。有的有電源、有浴室、洗衣設備，或熱水淋浴，但熱水浴和洗衣、烘乾機都是投幣式的。規模大的，還有體育、遊樂、展覽館、教育中心等設施，充分滿足知性與親子遊的需求，可說是五星級的露營區。

營區不管有無浴室，可能旁邊就有溫泉會館或附近有溫泉，像我們住宿的初山別、クッチャロ湖、屈斜路湖砂湯都

クッチャロ湖營區。

兜沼公園營區炊事棟。

有溫泉。溫泉會館的泡湯費用（入湯料）約五到八百日圓，可泡得很過癮。公民營浴場「錢湯」則看等級，約三百日圓起，至於天然露天溫泉則完全免費。

露營場種類琳瑯滿目，有公園、湖畔、海濱、河岸、林間、草原、高原、高地等。露營型態，有一般營位，也有汽車營位（オートキャンプ）。一般營位便宜，車子需停在停車場，營具裝備要自己或以人力車（リヤカー）搬運到營地；汽車營位較貴，不過車子可停在帳篷旁。露營費用有以人數計，有以帳篷數計，也有免費的。如初山別有兩個營區，天文台旁的營區，四月下旬至十月下旬免費開放。

不想紮營者，也可以睡車上的方式，住在露營區停車場。除了入場需收費或停車需收費的園區外，「車中泊」是免費的。我們去的幾個營區，以及道路休息站都是如此。旅程中遇到許多同好，有騎單車、重機車的，帶著營帳等裝備旅遊，野營騎士真酷，具有挑戰性；也有開著價值不斐的大小露營車的，裡頭廚房衛浴家電床具俱全，這是五星級的行動旅館。

有的營區，還提供搭好的固定式帳篷，或各式各樣的小木屋，如バンガロ（bungalow）、コテージ（cottage）等，或出租營帳、餐具、寢具、床與單車等，滿足各種旅人的需求。

＊＊＊

日本露營區設施完善，比旅館便宜。因為環保與樂活觀念抬頭，以及經濟泡沫後興起節約旅行風，利用野營與車中泊方式出遊者愈來愈多，特別是家庭親子遊，既經濟又寓教於樂，既簡約而豐富，很受歡迎。

另外，興趣日趨廣泛的日本女性，有喜愛歷史的「歴女」、愛鐵道的「鉄子」、愛釣魚的「釣魚女孩（釣りガール）」、崇尚自然時尚的「森林女孩（森ガール）」等流行用語暱稱，愛山女孩（山ガール）也喜歡女子露營（女子キャンプ），她們與男性有不同的品味，使營地風景更為繽紛。以女性為訴求的露營用品、書籍、社團、電視節目日增，各種型態的露營，如：悠閒可愛（ゆるかわ）的理科營（理系キャンプ）、公主營（お姫さま）、魯莽女子營（無謀な女子キャンプ）等，也成為話題與流行。

除露營區外，各地的道路休息站也值得一逛，光是北海道就有一一四個（現為一二九個）。這些道路休息站，有些規模很大、有特色，是地區性旅遊情報中心，餐廳、商店提供當地美食、農特產，部分還與溫泉會館、旅館相鄰，是旅程中很好的休憩補給站。設備好、免費的道路休息站停車場，也是不錯的車中泊地點，不過湖光山色的營地更有魅力，難怪平山桑移情別戀，旅途休息點也遊歷多個露營區。

北海道車中泊回來後，上網google發現，台灣也漸有人赴日開車、騎單車露營，與租露營車旅行，這或許會成為日本自助旅行、短期Long Stay的另一種選擇。

然別湖的湖光山色。

屈斜路湖營區。

蕃薯子vs.道產子

——台灣歐吉桑與北海道小學生的交流

二〇一二年春節前，收到來自北海道小學生的賀年卡。十一位五、六年級的兒童，每個人費心繪畫製作極具巧思、有趣的卡片給我，祝福新年快樂。歐吉桑與小朋友忘年之交的回饋，可愛的賀卡就像寶物一樣，彌足珍貴。

他們寫著：「謝謝您告知許多台灣的事情」、「這裡下大雪，積雪很深，好冷啊」、「台灣也下大雪嗎」、「台灣冬天幾度？這裡約零下十五度」、「台灣有滑雪場嗎」、「爸媽給我五千元壓歲錢，撲滿已存了二萬一千，但哪裡也去不了，無處可用」、「你的漢字和平假名好厲害喔」、「我也想吃小籠包」、「祝您過個好年」、「請再來學校喔」……導師齊藤浩子的賀卡則提到，聽說台灣過舊曆年，所以寄送卡片拜年。

那是前一年的夏天，去北海道夕張郡南長沼小學訪問連結的緣。鄉下小學五、六年級併班才十一人，因為人少感覺易於熟稔，過了這麼多年，那些稚氣活潑的臉龐，恍如昨日才相會似的。

二〇一〇、二〇一一年，連續兩年夏天去札幌Long Stay，常常受教又保持聯絡的日語志工老師，有木村博海、川端悠紀子、岡田路代、菅井禮子、小野塚等人。其中，木村老師是知台的專業集郵家，收藏不少中、台的珍奇郵品，一次同遊台大校園時還對我說，他夢想當台大學生，但此生已無緣，希望五歲的孫女將來有這個機會。有英語教師資格的川端老師，退休後也擔任「小學外國語活動＝英語課」兼任講師，搭起我和小學生交流的橋梁。

一一年八月下旬，接近Long Stay尾聲，正準備和平山桑「車中泊」之旅，川端老師突然問我，可以用英語和小學生聊聊台灣嗎？我英文不敢獻醜，就說用日文試試，不會說的就寫漢字好了。答應以後，開始為講課內容傷腦筋，旅行中也掛念著，平山桑預定玩一星期，我以需要準備上課為由，縮短為六天。

忘年之交。

駐日札幌分處幫忙

旅行前請家裡快遞台灣造型的鳳梨酥與觀光資料，回到札幌後收到了，但覺得旅遊ＤＭ部分太弱，不適合小朋友。求好心切之下，想到駐日代表處札幌分處或許可以幫上忙，連忙發一封電子郵件求助。

我寫著：「我來自台灣，已退休，這個夏天在日本Long Stay，札幌留學生交流中心『窗』的日語志工老師，安排我周五（二日）到夕張的鄉間小學，向五、六年級的學生介紹台灣。請問，有無適合送給日本小學生的台灣小禮物？有無台灣廟會（如：媽祖出巡遶境）、台北一〇一等等觀光海報、圖片、ＤＶＤ影片？如果可提供一些，或借用，明天（周四）早上到代表處洽取。以上拜託，敬請回覆。」一

早上發E-mail後，到下午音訊全無，因時間急迫，立即打電話去追蹤，原來跑到垃圾信件匣了。承辦的廖小姐請示後來電，同意隔天給我一些東西。那天騎單車半個小時赴約，札幌辦事處準備了觀光月曆、ＤＶＤ、海報、風景明信片，還有每人一枝原子筆，豐富的伴手禮。正想致謝告辭時，廖小姐問如果有空，徐瑞湖處長[1]想見我。雖覺得太打擾了，還是和徐處長聊了半個小時，又被招待午餐，好像為我打氣似的。

徐處長撥冗接待，提供不少協助與指教。他聊起早年師專畢業，曾當過十幾年小學老師，後來進入淡江日文系、研究所，再轉任外交官，對教育有特殊的情感。資深知日派的徐處長說，北海道很適合Long Stay，退休後也想來長住，他曾建議北海道廳首長（知事），爭取日本政府開放Long Stay簽證，推動台日雙向的Long Stay需求。

九月二日中午，川端老師在一個地鐵站接我，前往南長沼小學。老師還做了便當，準備水果飲料，讓我在車上午餐。夕張以哈密瓜聞名，長沼則是北海道米的主產地。川端老師每周一次或兩次，從札幌開一個多小時的車，去這個鄉下小學，但冬季冰天雪地、路途遙遠危險，十二月至四月，英語活動停課。英語課偶爾會安排外國人來對話，我是第二個受邀的老外。

小朋友對我說：「大家好！」

寧靜的鄉下小學有訪客上門，午休結束的小朋友紛紛探頭探腦「問好」，馬上感受熱鬧與熱情。先拜會校長聊一下，再進教室。名為「綜合學習」的課程，下午一點二十五分開始，小朋友們對我大聲說：「大家好（台語）」，我楞一下笑了，教他們應該是：「你好（國、台語）」，「大家

注1：徐瑞胡處長，二〇一三年升任為駐日副代表，現已退休。

五、六年級合班共十一名學生。

南長沼小學。

好」應該是我講的。他們與導師顯然做了功課，上網查了台灣話「你好」怎麼講，但分不出單數與複數對象，講法是不同的。

接著四名女生與七名男生，輪流上台對我自我介紹，內容是「我叫什麼名字，喜歡什麼、討厭什麼」。等迎賓流程結束，四十五分鐘的課，只剩二十五分鐘，川端老師給的題目是「台湾のことを知ろう（認識台灣）」，我寫了七張Ａ４大小的稿子，講不到三張，下課時間就到了。之前請班導師準備電腦，打算上網秀出台灣圖片，還有代表處給的ＤＶＤ，全都派不上用場。最後把飄洋過海來的鳳梨酥，送給小朋友。ＤＶＤ和其他資料，則給學校收藏運用，導師與校長一再道謝，說找時間再給小朋友欣賞。

介紹台灣時，我儘量用問答的方式，先畫了台灣與北海道的形狀，問小朋友，北海道出生的人叫「?子」，他們答說：「道產子[2]」，我說台灣的形狀像蕃薯，所以台灣人也有「蕃薯子」的稱呼，今天就是蕃薯子與道產子的交流。

我說北海道面積[3]，比台灣大兩倍多，人口卻不到台灣的四分之一，北海道人好幸福喔！台灣雖小，卻生態豐富，玩個幾天看到的動植物，在別的國家，恐怕要好幾個月才看得到。數百萬年前，從海中「蹦（born）」出來的台灣，被稱為「福爾摩莎（formosa）」，意即美麗的島（美しい島），有比富士山更高的玉山，有很多好吃的東西……我用兩光的日語邊說邊寫，介紹台灣的點點滴滴，小學生很熱情、好奇，來不及提到台北一〇一跨年煙火，就意猶未盡結束了。

能和日本小學生交流，是Long Stay生活中意外、難得的收穫，因為川端老師刻意安排，讓我擁有更多的體驗。因為札幌辦事處提供協助，川端老師除去電向徐處長致謝，九月五日又送去齊藤導師與學生上課感想的謝函，顯現日本人的禮數周到。重視國民外交的徐處長也很周到，我回台後，川端老師E-mail告知，處長又寄送了音樂ＤＶＤ與華語學習教材，給南長沼小學的學生。

離日前兩天，川端老師邀約幾位老師餐敘送行，交給我一袋資料，是學生的上課心得報告與問題，導師與小朋友都覺得遺憾，那天時間太短，準備了一些問題，都沒辦法提問。川端老師希望有空時，能幫忙解答。要回應十一人的感想與問題（九人提問），這個日語作業實在傷腦筋，直到快要寄新年賀卡時，才勉強交出功課。

「嚇一跳！」台灣人與日本人很像

小學生的心得感想中，寫得最多的是「台灣的形狀」，上課前夕他們上網探查，「看到好多好吃的食物，肚子都餓了」，但都沒發現「台灣地圖像蕃薯」；再者，台灣人與日本人，看起來沒兩樣，「嚇了一跳」；不知道相較於「道產子」，台灣也有「蕃薯子」的說法；網頁有台灣許多漂亮的建築，但不

注２：道產子，有北海道出生的人與北海道產的馬之意。
注３：北海道本島面積約七萬八千平方公里，人口約五百四十萬人。

知道「祭典要和神明一起走很遠的路，晚上還睡在馬路邊。非常吃驚」；也有孩子寫「鳳梨酥太好吃了，謝謝」、「想知道更多台灣的事情，下一次請再來喔」。

十一月二十五日，川端老師E-mail告知，因為英語課冬天停課，「今天，請孩子們寫上課感想，有人寫著『很高興請吳先生來』。對我來說，這個禮物比什麼都高興。這是世界唯一，有錢也買不到的東西。」

十二月下旬，南長沼小學放寒假前，我寄了童趣華風的賀年卡，給小朋友與導師。他們則在農曆年前，寄來前述十一張自己繪製的賀卡。我想到，四名六年級生將於三月畢業，那是可喜可賀的大事，決定奉上小禮物恭喜。

有台灣味又適合小學生的禮品似乎不多，在手工業推廣中心，找到小原住民與博杯手機吊飾、台灣圖案的小尺作為賀禮，並以小籠包明信片，給每個人寫賀卡。七名五年級生也給台灣圖案小尺禮物。當時齊藤導師告知川端老師，她收到包裹後秘而不宣，畢業典禮當天，學生們意外得到台灣來的禮物，非常驚喜、興奮。齊藤導師也來函致謝，寄來五張畢業典禮照片。

七名五年生，在二〇一三年三月畢業，這次賀禮是，他們熟知的台灣美食，小籠包的手機吊飾、一〇一夜景明信片與蛇年郵票首日封。因為小朋友們，曾在賀年卡寫著「那天也想吃吃看小籠包」、還畫著小籠包圖形。他們要吃小籠包不容易，小籠包吊飾或許可提供一些美味的想像。

小籠包的手機吊飾。

十一名認識的小朋友畢業了，我和南長沼小學的緣分，似乎告一段落，卻又持續著。二〇一三年底，川端老師說，南長沼小學學生人數愈來愈少，已不滿五十人，再一、兩年可能會廢校。（二〇二〇年已廢校）高齡化少子化的社會，學校找不到學生，鄉下的問題更嚴重，台日都面臨這樣的困境。想到北國遙遠的鄉間，不是有緣根本不會造訪的校園，南長沼小學即將消失，惜緣的心情又油然而生。二〇一四年三月，又寄給七名不認識的畢業生ＬＥＤ小天燈，送上我的祝福。

就像我在給他們的賀卡，試著用兩光的日文，好像說教卻是真心話的寫著：「是因為這樣的小小世界，我們才能相逢吧！雖然人比世界渺小，但如果打開心迎向世界，人生也許更為豐富。」最後再根據個別的興趣，祝福他們「在自己喜歡的『繪畫』、『棒球』等領域持續加油。」我覺得儘量維繫一種連結，好像播一粒種子，不知會如何開花結果，尤其是童年時的一些觸動，往往可以開啟成年後多面的窗子。

川端老師曾說：「來自外國的祝福禮物，南長沼小學好像是第一次吧？」「我想，孩子與吳桑的連結，會記憶深刻，並且長大後，有機會一定想去台灣看看。」

謝謝川端老師搭起了這座橋，我走過去了，希望彼此保持好的連結。

二〇一三年的七名畢業生，給我一人一句話的謝函中，發現有兩位少年「知台」了？宮下嵩史說：「いろいろなことを学んだので、大きくなったら台湾に行きたいです（為了學習很多事情，長大了想去台灣）。」山上竜弥說：「台湾のことがよくわかったです（更了解台灣的事情了）。」

北海道小學生與老師，給我的手製賀卡。

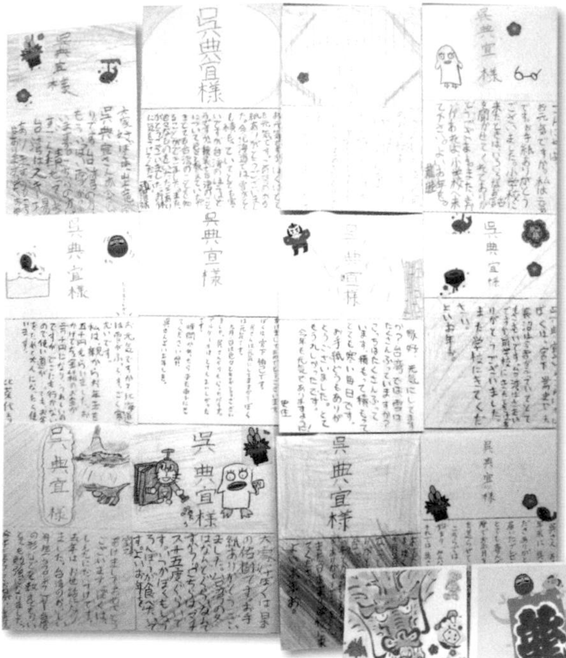

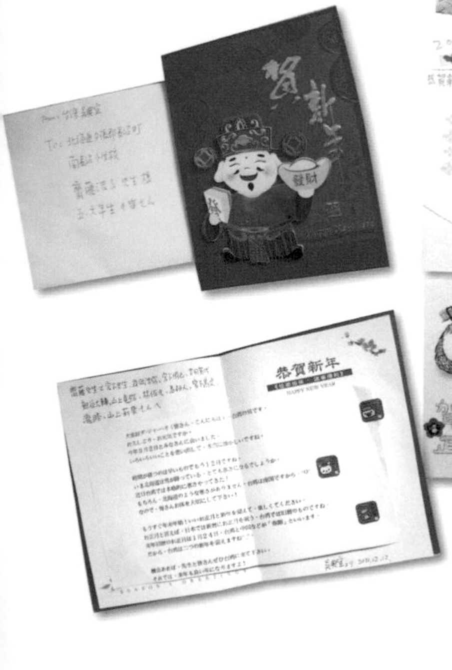

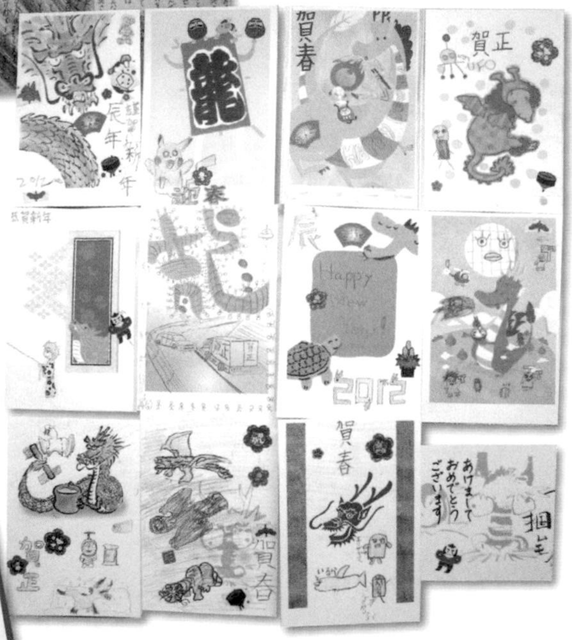

我寄了一張賀卡，卻得到十二張回報。

路生在嘴上——問路物語

——借問咧！「No English」碰壁？「すみません」卡好？

台灣俗語說：「路生在嘴上」，沒錯！若要一路順風、避免走錯路誤事，出門在外要「多問路」。問路是旅行實用的鑰匙，可開啟順利之門，或意外收穫之門。赴日旅遊以來，從不敢啟口到問東問西，有不少趣事與感受。

二十幾年前，在京都熱鬧的四条河原町，行人紛紛閃避、搖手躲開一位問路的西洋婦女，看她求助無門想伸出援手，因為趕時間、景點不熟悉、怕英文不行幫不上忙，還是忍心作罷了。早年我也有此經驗，「Excuse me」出口，有人聽而不見，還有直接回絕的！京都火車站未改建大樓前，有兩個觀光詢問處，一個服務外國人，一個服務日本人，我走錯地方，那男職員說「No English」，吃了閉門羹。

有人說英文在日本行不通，其實不然，講得很溜的日本人很多，要看場所、看人吧，就像台灣也是如此。一九九四年，我從東京飛函館，開始首次北海道自助遊，在舊函館車站宿泊案內所，預約洞爺湖、札幌飯店時，那女職員英文好得很；在洞爺湖遇到一位東京大學的學生，英文溜得難以招架。那是幾十年前的往事。年輕時雖然菜英文，但還能講幾句，後來用的機會少，全部還給老師了，而且加倍奉還，現在碰到一些愛講英語的日本人時更加詞窮。

異地旅行即便言語不通、做了功課，必要時還是「借問一下」比較保險，免得出狀況，感到懊惱。

上車沒「借問」，落難函館鄉下

一九九四年那次在函館，從女子修道院搭公車轉往五稜郭城跡時，忘了日本是左行的，這是剛赴日的人常犯的錯誤。結果左右方向、站牌搞混了，上車也沒有問一下確認，等到車子愈走愈鄉下，才驚覺搭錯車。拿地圖、站名指給司機看，他要我下車，指著對面的站牌要我回頭，雖已超出巴士一日券使用的範圍，司機也就算了。

回城的巴士要等一個小時，下午兩三點太陽正熱情，荒郊野外口渴又沒水，公路上偶爾有車子呼嘯而過，心想若有便車可搭多好，卻又遲疑著不敢用力揮手，最後還是坐上巴士回頭。到市區已近傍晚，跟司機說：「took the wrong bus」，他揮揮手也沒要我補票。那次和五稜郭擦身而過，後來再去函館仍無機會，直到二〇一五年夏天才再度造訪。

另外一次在東京池袋，搭山手線電車要去上野，換京成電車到成田機場回國。山手線是環狀線，池袋往北走比較快到上野，結果搭上往南走、繞遠路的電車，差一點趕不上飛機，嚇出一身冷汗。東京電車系統像蜘蛛網一樣複雜，如果沒把握，還是多開金口問路人或站務員，免得身陷迷魂陣。

早年有了這兩次的教訓後，一直到現在，除非很有把握、或就是要閒逛，否則都會儘量發問。在日本問路要有點技巧，最好第一句話用日語說：「すみません（發音：su-mi-ma-sen，對不起、不好意思）」，而不要用英語說：「Excuse me」，比較不會被不懂英語的日本人閃躲。在一些旅日遊記中也有此建議。閃躲的原因可能是，不會英文、趕時間沒空、怕麻煩、怕接觸外國人……不管什麼原因，用對方熟悉的語言發問有親切感，比較不會「驚嚇」到「怕嚇」的人。尤其我們的長相，看不出是「老外」，一說英語意外嚇人。簡單一、兩句日語，可能拉近彼此的距離。「すみません」一說，對方願意留步，然後地圖、肢體語言、筆談、英語出籠，老外身分曝光，求助的目的也達成了。

問路拿著地圖、書籍、資料做輔助，而且有正確日文標示的比較好。「觀光案內所」的資料，也不要拿純英文版或中文版的，若只有英文、中文翻譯的詞彙，可能會考倒人，在台灣叫我們看中翻英的名字，也會霧煞煞。如果能寫下目的地的日文名字、漢字標注羅馬拼音，能念出來更佳。當

東京山手線，搭錯方向會繞昏頭。

然，問對人也很重要，問到不熟悉卻熱心，或者沒方向感的路癡，有時會愈幫愈忙。我的經驗是，都會區儘量不找行色匆匆者，找當地店家、年輕人、警察、車站人員，或看起來悠閒的婦女與歐吉桑。有時問一個人後，隔一段路再問一位，確認方向無誤。

其實，日本人大部分很熱心助人，我們問一句，他們可能回一串，聽不很懂沒關係，知道方向無誤就可。有的日本人嘴巴很甜，只不過問一句話，就被說：「日本語上手捏！」我也將心比心，常這樣恭維會講一點中文的老外。

有一次從東京新宿車站，拖著行李去新宿華盛頓飯店，問了一位騎單車的年輕人，晚上目標不清楚，又有新舊館之分，到了附近仍東張西望。結果那年輕人又出現，指引入口解圍，原來他熱心的跟在我的後面；我偶爾也會這麼雞婆，真怕把人家嚇到了。有一次在東京的地鐵站本鄉三丁目，要去東京大學，為了確認方向有沒有走錯，問了一位女士，她不清楚，我說沒關係。她卻打電話問朋友，陪我走一段路，知道路線沒錯後，才說她趕時間先告辭了。

一次在十和田市轉車去十和田湖，車站因電車廢線關閉，只剩附近有巴士亭，但路線標示不清，問一位候車的老先生，他說應該沒錯。我擔心弄錯了，下一班要等三個小時，就到舊站址去看看有無相關資訊，剛好有位小姐下來，趕緊求教，她說原來的路線應該都移到巴士亭，還陪我走回去確認，順利搭上往燒山、十和田湖方向的公車。

問路寒暄冷暖、浪漫、趣事

一次從京都的世界遺產上賀茂神社，走去北大路地鐵站，坐在路邊花台、長相很像老牌喜劇演員伊東四朗的歐吉桑，在我問路後，乾脆帶我去車站，知道我來遊學時，還問我是當老闆嗎？分手時禮貌邀請「有機會來台灣玩」，他說：「會去！會去！」

問路不會每次一帆風順。在匆忙的都會區，比較會有「對不起，不是很清楚」這樣的回答。在札幌買了腳踏車後，因為趕著搭地鐵去上課，把單車停在停車場，晚上再去騎回家。夜裡騎一個小時找路回家，拿著地圖東問西問，有人說不知道，有人隨手一指，有人詳細指引，還說：「路上請小心」，問路冷暖點滴心頭。

問路有浪漫的一面。一九九四年在函館去看夜景，從路面電車的十字街站走路上山，問一位女生：「I want to go to there. This way?」她示意跟著她走。看著她清秀的臉龐，很想再說什麼，卻不會日文、也擠不出更多的英語，她也欲言又止，兩人一路默默無語，直到她要轉彎、要我直走，才說沙喲娜拉、再見。二十年前首次去京都自助，在哲學之道問路寒暄，那位來自名古屋的女大學生很友善，後來一起午餐，分手時還謝謝我「教她英文」（真是慈悲，恭維我的菜英文）。為了寄送合影照片，曾書信聯絡一兩次。

問路有趣味的一面。在秋田與弘前的觀光詢問處，對答幾句日語後，老外的身分被識破，對方改說英語，我回日語夾雜英語，那大學生模樣的職員又回英語，好像藉機「練英文」似的。我不好意思說：

「你嘛幫幫忙，我英文比日文更菜啊！」

問路的進階版是寒暄、搭訕與被問路。函館金森倉庫群後方，有個漂亮的遊艇造景。一九九四年初見驚豔，當時一人獨享，離開後遇見一位「台灣面」的女生，因為多日沒說母語了，突然有想說國語的衝動，結果一問是福岡來的，感到有些失落。仙台到北海道的遊輪上，一位西洋學生打照面都會微笑，看似友善，用英文問他：「從那裡來的」，他卻用日語說：「我住在仙台」，冷冷地擺明他不是觀光客，懶得理我。

另外，由於我們長相的關係，常被日本人誤為同胞。偶有婦女與年長者向我問路，知道的就幫忙，不熟的地方就說：「對不起，我是外國人，不是很清楚」。有時這種回答也會嚇到人，對方打恭作揖直說抱歉。日本人很怕麻煩人家，似乎麻煩了老外更過意不去？

被搭訕的經驗也很妙。一次從大阪難波的松屋餐廳出來，一位婦女突然問我：「好吃嗎」，心想這是日本很大眾化的餐館啊，怎麼會問我這種問題？雖然納悶，但還是禮貌地回說：「好吃」，她又說：「要回去了嗎」，我回說：「是啊」心想這是豔遇嗎？她又說：「有兩百圓嗎」，喔！原來如此。回說：「沒有！」，她居然又說：「連十塊錢也沒有嗎？（語帶揶揄）」我笑而未答，她就說：「再見！」。碰到日本版的討錢一族，讓我啞然失笑。

第四章

冬之卷

京都越冬寒徹骨

——冷、乾癢、溫差大、人模熊樣、老屋防寒大作戰！

三面環山的京都，夏季炎熱和冬季寒冷出了名。冬天從山上下來的寒風，沉積在盆地，市區像個冰庫。不提日本東北、北海道雪地，同樣的溫度，京都比其他城市寒徹骨，特別是白天與日落後的溫差，更能體會其冷冽。

十一月末至十二月初，深秋楓紅尾聲，京都天氣愈來愈冷，晚上會降到五到零度以下，濕度夠可能降雪，特別是洛北一帶。但天亮雪就化了，不過運氣好的話，賞楓時可見屋頂殘雪、楓紅雪白相映之趣。

在京都過冬或秋冬遊日本，我的考驗是太冷、太乾燥、室內外溫差太大的防寒保濕大作戰。

保暖用品琳瑯，服裝與冷俱進

百貨公司、超市，各種保暖用品、衣物上架時，即意味著秋去冬來了。而當看到其中有許多台灣少見或沒有的商品，就知道要面的是對不同的冬天。我從「毛混」的襪子買起，那時在台灣未穿過這種混紡的毛質厚襪，接著又買發熱纖維的厚襪。隨著溫度愈降，裝備愈買愈多，有手套、遠紅外線發熱護膝套，以及在台未用過的隨身保暖包、短筒保溫吸濕的室內鞋，保護肚子免受風寒的腹帶（腹卷）等。

在寒風刺骨、十度以下低溫的室外，身上的行頭也與「冷」俱進，最高峰時，有運動帽加外套帽子、口罩、圍巾、手套，兩件內衣、一件衛生衣、毛混休閒衫、毛衣、腹帶、衛生衣褲、兩雙厚襪子，秋天外套外面再套上冬天外套。出門好像穿棉被的北極熊一樣。後來特地買了一件內裡可拆、鋪厚棉的外套，才不再穿兩件外套。那時發熱衣、輕量羽絨外套尚未問世，有的話就不會那麼「熊狀」不便。

最麻煩的是，日本冬天室內外溫差極大，即便外面下雪酷冷，公共場所或電車、巴士也熱呼呼地，好像從冰箱進入烤箱。室內熱得脫下外套還冒汗，尤其坐電車時，腳部好像有個火爐似的，若不巧碰上人擠人，沒有空間卸裝時，要有心靜自涼的忍功。坐一趟車如洗三溫暖，這樣忽冷忽熱流

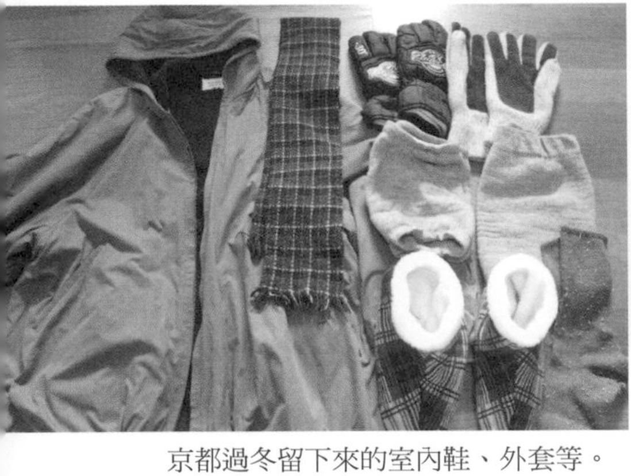

京都過冬留下來的室內鞋、外套等。

琳瑯滿目的保暖商品。

汗，很容易傷風感冒。

曾在新幹線車上，看到穿著短衫的乘客，當然不知他穿什麼內衣，但掛勾掛的應是一件極度禦寒的大衣。不像我，脫下厚外套、羊毛衣，仍覺得熱烘烘，無計可施，只能多喝水。日本人對兩極溫差的適應、淡定，我很不解，就像他們也不懂，為何台灣的電車等公共場所，冬天會開著冷氣。

外面冷，穿成熊狀，裡面熱，脫成猴狀，這種全副武裝、解除武裝，穿穿脫脫的機率滿高，所以剝洋蔥式穿法是比較方便。不過脫下來的外套、衣服，拿著、放著，有時也是困擾。有一次上日語課脫下毛衣，回家時居然忘了，被人撿送櫃台，再去上課時才領回。

太冷讓南國之身難適應，太乾燥也令人困擾。日本濕度比台灣低，感覺舒適，可是秋冬則太低、太乾燥了。這也是為何日本用增濕器，我們用除濕機的原因。乾燥的靜電嚇人，有對策；嘴唇乾裂是小case，護唇膏、口罩等可解決大部分問題。比較麻煩的是皮膚的乾癢，特別是小腿、腳踝周邊，縱使勤擦乳液保濕，也不保證沒事。有時兩星期以內的旅行，到後來也起紅疹發癢，但一回台灣就馬上緩解痊癒。在京都過冬時，為克服乾癢煩惱，多喝水、勤保濕、擦止癢乳膏、不天天洗澡，多管齊下。

再提我那沒有暖氣的老木屋的防寒大作戰。深秋時日，聽到「燈油～燈油～」的賣油車在社區巡迴，就好像台灣夏天「叭噗～叭噗～」的賣冰淇淋車，正式預告冬天來了。因為暖氣耗電、價高，日本一般住家多用較經濟的燈油暖爐，燈油可說是日本冬天的一把火。其實，屋子裡是有一台使用燈油的老舊煤油暖爐（石油ストーブ），只是不知如何使用，而且怕危險，所以備而不用。

我把各種防寒保暖裝備，集中在生活起居的重心——客廳。首先是，女兒開除老闆回國前，從她那裡接收來一床電毯，鋪在客廳的榻榻米，電毯上面是睡覺的墊被與茶几的一部分。通常看電視、使用筆電、在茶几用餐時，會開啟電源，讓腳底暖和一些。穿上室內鞋，也增添了暖意。

睡覺層層包裹，洗澡脫掉難題

冷如冰庫的屋子，睡覺時為了保暖好眠，更是像堆積木般的重重疊疊，電毯、墊被之上，再蓋毯子、棉被、大外套，被窩腹部還有小熱敷墊，好像以前老人家抱著水龜保溫袋暖身。但因穿兩雙厚襪子，還覺得雙腳冰冷，就把熱敷墊移置腳部溫腳。除了外套，幾乎和衣而睡，圍巾、口罩、頭套不缺，脖子又綁著毛衣護著雙肩。可說為了禦寒抗凍，把身體能包裹的地方都包起來。冬夜尿多，少有一覺天亮的，起床如廁也是天人交戰，披上大外套哆嗦移步，凍結的空氣中，只有無人居住的二樓有一盞昏黃的小燈，在深夜中帶來

無人跡的永觀堂。

冬天的哲學之道。

暖意。，鑽回溫暖被窩的剎那，很滿足！

身上層層包裹還冷颼颼的日子，洗頭洗澡要脫掉，也是考驗。光洗頭還好，就在廚房洗濯槽解決，若要脫衣服就大費周章了。那浴室靠後巷，浴缸老舊難清洗只能淋浴，小木窗緊閉仍有縫隙，是屋裡的小冰宮，所以儘量在白天洗澡。首先把蓮蓬頭熱水開著，熱氣氤氳升溫，也能讓磁磚不冰冷。接著，嘴巴會含一小口水，直到洗完穿衣時才吐掉，聽說能禦寒防感冒，我覺得有效。若先洗頭，穿著衛生衣、內衣、內褲，坐在小板凳洗髮時，熱水仍沖著腳部保溫，洗頭後略擦乾，才脫衣洗澡。

雖然京都比起酷寒的日本東北好多了，入冬迄元旦仍未初雪，只有偶爾飄飄雪花（霙）落地為水。但以台灣之老夫熱身，在無空調之老屋還是超冷！

京都過冬後回台，有一陣子比較不怕冷。人對溫度的感知，會因環境而改變，所以南方人怕冷，北方人怕熱。京都過冬的體驗，只是幼稚園級的一番寒徹骨。在北海道認識的平山桑曾提起，小時候每年都感受到，父母為了能平安越冬，是多麼地千辛萬苦；那才真是嚴寒的雪國世界。若在雪地過冬，會有不同生命刻畫吧！

長安京，過新年！

——楓紅染醉、耶誕歡樂、除夕鐘響，古都迎春曲

時近午夜，室外的氣溫零度，室內會好一點，也許三、四度吧。沒有暖氣的老木屋裡，雖然門窗緊閉，還是寒意徹骨。坐在榻榻米上的墊被，戴著帽子、手套，穿著幾重衣物外套，還披著毯子，隔著茶几盯著小電視守歲。如果當時自拍的話，可以看到穿得人模熊樣的滑稽相吧！

ＮＨＫ的紅白歌唱大賽落幕時，鏡頭拉到東京鐵塔與日本各地寺院、神社，迎接新年的人群聚集，這時寺院的鐘聲「咚～咚～」的響著，然後「十、九、八、七……」倒數計時，到東京鐵塔大放光明。比較日本味的是，大雪紛飛的山寺，人們依序敲著一〇八下鐘聲，希望驅除一〇八種煩惱。來自電視的鐘聲迴盪著，仍不減濃濃冷寂的年味，寒夜漫漫，我在京都迎向二〇〇八年。

被寒氣打敗的跨年夜

其實，今晚的京都是個不夜城。各大寺院擠滿新年參拜的人潮與觀光客，除了增開三線臨時巴士外，相關的電車也是徹夜營運。本來想去以「除夕之鐘（除夜の鐘）」聞名的清水寺、知恩院見識一

下，但天寒地凍、離家又遠，幾經躊躇選擇刪除，改以最近的醍醐寺為目標。可是給自己加菜，熱騰騰地吃了一頓年夜飯後，看著電視等著、等著，過了十點半，還窩在家裡走不出門。我被身心的寒氣給打敗了。

天亮後，終於出門迎接元旦。騎腳踏車到昨晚失約的醍醐寺，雖然是世界遺產的名剎，新年參拜（初詣）的人並不多，倒是附近車站的購物中心，新春福袋摸彩活動現場人聲鼎沸。隔幾天去上賀茂神社，拜拜的人稍多，不過也還ＯＫ，很適合我這種閒人閒逛。日本過年拜拜祈福習俗，與我們大同小異，到寺廟求神問卜，也可見香油錢箱（賽銭箱）、消災解厄、安太歲（厄除）、平安符（御守）等。比較日本味的是，拜拜時拍手擊掌，以及大多把籤詩（御神籤）、祈願卡（絵馬）繫在寺社裡，成為東瀛的風情畫。

新年期間，騎車、走路轉來轉去時，特別注意住家、商店的年飾，也貼著類似春聯的海報貼紙，如「迎春、平安、賀正、謹賀新年」，或「祈願世界人類和平」等。另外，門口有迎接年神之意的成對門松裝飾，或有潔淨迎神、子孫綿延之意，以稻草、裡白葉、紙垂（摺紙）等組成的注連繩。這些迎春年飾，顏色以白色與素淨色彩居多、少見紅色，不像我們的年飾花俏亮眼。年節的氣氛，明朗而不喧鬧，很像日本人內斂、低調的作風。

京都從十一月中，過年的氣氛即漸漸渲染開來。首先，本身景觀就有看頭，以後現代建築風格，顛覆古都意象的京都車站，會在中庭廣場點亮關西地區最大的耶誕樹燈飾。這時也是楓紅層層，開始染醉古都的日子，京楓的魅力難擋，湧來喧鬧的人潮，追逐寒冬前短暫的絢爛。不僅白晝漫天火紅，夜晚也「楓」情萬種；永觀堂、清水寺、高台寺等名剎，賞夜楓人頭鑽動。氣溫急凍的秋夜，點燈燃起一絲溫暖，光影推移搖曳中，增添楓葉、古剎炫麗迷離的風情。

千年冷寂，京都就在燈火闌珊處

等到秋陽慵懶、寒夜冷雨聲聲催促，終至紅葉飄零、大地瑟瑟枯黃。十二月上中旬，古都意象的部分，回復千年的冷寂，少了觀光客的京城，好像走回時光隧道，不知今夕何年。而鬧區的四条河原町等地方，則進入「年末年始」的過年景象，聚集採買年貨的人潮。仿造中國唐朝首都長安、洛陽格局，建於西元七九四年的京都，讓人身處現代的空間，轉身即可走進歷史，古今新舊融合的趣味，正是京都最迷人之處。

整年遊人如織的京都，冬天遊客銳減，那分寂靜自得，

醍醐寺迎接年神的門松裝飾。

新春福袋抽選。

反而更能貼近古城的風貌。只要做好防寒對策，冬遊京都也別有魅力。

過新曆年的日本，濃郁的耶誕氣息，為迎春的喜氣增添熱鬧溫馨。不過二十五日過後，耶誕的裝飾、燈海馬上退場，只剩年節的商品、氣氛。一夕之間，從東西合璧回到東方，這種情境的轉折，在京都更為有趣。

京都洋風的燈飾，除了京都車站的耶誕樹燈飾之外，比較知名的還有同志社大學、新風館、京都府立植物園、平安女學院等。和風的燈飾，有嵐山花燈路與東山花燈路，分別約在十二月中旬、三月中旬舉行。兩地本來就是京都有名的散步路線，在燈光投射襯托下，竹林小徑、寺院神社、公園周邊夜遊，說不盡的千年物語，夜燈下更顯神秘的氛圍。

相對耀眼的耶誕燈飾，我較喜歡很京風的花燈路。京都的寒夜很冷，走著走著凍到不行，還是沒有停步。夜朦朧、人朦朧，京都就在燈火闌珊處。

雖常遊日本，因為怕冷，多避開冬季。這是第一次在日本過新年。

京都新年：賀茂別雷神社。

賀茂別雷神社的新年參拜者。

駐日煮夫，「非大丈夫」料理

——微波加熱，蒸、煮、煎、烤，學習自炊

在日本獨居，因外食不便，且料理低能（家裡老婆高竿），呷飯也力求簡單。好在日本米飯都很好吃，住家附近都有超市，電子鍋煮飯不是問題，簡單的煎魚、蒸煮食物、燙青菜也ＯＫ，或買些熟食微波加熱，就能解決口腹之欲。

日本外食沒有台灣方便，不像我們住商不分，大小餐廳到處可見。基本上餐費也比我們高一些，沒有平價的自助餐店，傳統市場之外，少見便宜的小吃攤。常見的日式豬排便當，超市售價三百五十日圓以上（約台幣百餘元），超商更貴。雖有超便宜的一百到二百五十日圓便當，但不普遍。庶民的連鎖餐廳，吉野家、松屋的中碗牛丼飯四百、定食六百日圓起。一般的餐廳定食，要六、七百到一千日圓起。高檔美食餐廳三千日圓起。

雖然日本經濟泡沫化後，餐飲消費愈來愈親民。但再怎麼說，平價快餐就那幾樣，缺少變化也所費不貲。所以日本的房子，即使再小的套房，也有迷你廚房，方便簡單調理食物，彌補外食的缺陷。

對我這個老外來說，有廚房更是對胃。日本食物常見生魚片、壽司、炸物、咖哩等，生魚片價廉物

美，愛吃的人如魚得水，但我對吃生肉有障礙，不大敢吃（包括生魚片壽司）。還有年紀、腸胃的關係，油炸物亦非我族類。這樣下來，外食可用的「武功」就被廢了大半。日本料理雖較清淡，但小吃類的炒麵、拉麵、大阪燒、串燒等口味偏鹹，有些菜又偏甜，冷食也較多。因此去餐廳，常點烤魚、生薑燒肉、野菜炒肉等定食，偏向不油炸、中式的味道。所以買些材料、熟食來組合調理，貼近自己習慣的口味，超市與廚房成了好幫手。

「半額」食品超划算

日本超市，熟食與調理食品種類豐富，餐廳與便當少見的蔬果，更是琳瑯滿目。價格雖大多比台灣貴一點，但也有些較低廉，如香蕉一串才台幣三、四十元。社區超市的食物大眾化較便宜，百貨超市有好食物但較貴，不過到了傍晚，都會打折、都很划算。生鮮熟食先從七、八折開始清倉，時間一到變成對折（半額），很「阿殺力」，這種物價大部分

某日的早餐組合。

省錢撇步，善用超市半額食品。

就比台灣便宜。如炸蝦飯與讚岐烏龍麵便當、海鮮中華飯、三片生鰈魚，都只要六十塊台幣，一片生鮭魚不到台幣五十元，一大盒熟干貝卵二十元。蔬果、麵包、土司、甜點等，視賞味期限也無所不折。

超市職員巡櫃，換貼半價標籤，不少顧客跟隨「狩獵」，或者把想買的食物給職員換貼標籤，是日本超市常見的庶民風情畫。如果不在乎保存期限，善用超市半價食品，可以節省許多旅遊開支，很經濟的過生活。

除了京都的二層樓房子，其他住過的套房，廚房都不大，鍋碗瓢盆也有限，又拙於烹飪。買食物以能微波加熱，或蒸、煮、煎、烤者為主，如熟食加熱，汆燙青菜，煎烤魚或肉，蒸山藥、玉米、地瓜、馬鈴薯，煮麵、煮蘿蔔湯等。料理方式以簡單能吃就好，清淡薄鹽，幾乎沒其他調味。反正買來的熟食或調理食品，味道夠重了，平衡一下也好；何況還有超甜的日式甜食，可以解放味蕾。吃的不是什麼美食，卻也魚肉蔬果甜點不缺，既經濟又實惠。

出門上課帶便當或去野餐，有時把家裡的食物組合成簡餐，有時去超市買盒壽司或三明治、一片炸魚或花枝等，以方便攜帶飲食的東西為主，加上自備的水果、零食，這樣的一餐，吃得也不差。當然不想進廚房或累的時候，也會去餐廳慰勞自己。在京都，常去比松屋、吉野家等級高一點的「やよい軒」，這家餐廳點定食，米飯隨你吃，對於疲累的旅人來說很受用。偶爾會去町家餐廳體驗一下，但不會去高檔餐廳，因為那種場合一個人去怪怪的。

大戰南瓜・煎魚變炒魚

日文「大丈夫」是「沒問題」的意思，我的料理是「非大丈夫」的層級。

北海道栗子南瓜很好吃，鬆軟香甜，不會水水的。不知道南瓜很難切，第一次買整顆，從流理台奮戰到地板，又敲又打險象環生，費盡力氣才剖半取籽，下鍋又蒸太久，部分變成南瓜糊。事後想，處理這顆台幣六、七十元的南瓜，如果受傷了也真划不來。上課時請教一位老師，她說沒好刀具很麻煩，若不是要做料理，洗淨蒸一下就軟了，再切開取籽也ＯＫ。一次學乖了，後來都買小顆的或切半、切塊的，直接蒸不用傷腦筋。切半的約台幣三、四十塊，特價時更便宜，有時出門野餐帶便當，搭配幾塊鬆甜南瓜，多元口味大滿足。

日本海鮮種類多又不貴，甚至比台灣便宜。若會自己料理，實在划算又能大快朵頤。常買半價的小片鮭魚，甚至於生魚片，稍微加鹽煎烤，就是美味一餐。有一次鱈魚打對

煎魚變成炒魚。

南瓜大作戰成果。

折，一片才七十六日圓（約台幣二十元）。鱈魚比鮭魚油脂少，記得多是搭配薑、蒜、蔥蒸魚，因為手邊沒有薑蒜等材料，所以我想用煎的試試看。沒想到這片「介宗鱈（スケソウダラ）」，一煎就肢離破碎，煎魚變成炒魚，味道雖不至於難下嚥，料理卻是大失敗，還花了一番功夫清洗平底鍋。

廚房濺血．煮夫驚魂

第二次去札幌長住時，因為颱風晚到了一天，房東和電信業者的預約日，整個重來。那套房一段時間沒出租，瓦斯公司來開通瓦斯，發現熱水器壞了，幾天後才能換新的。電視剛從類比轉數位化，轉換器缺貨，房東一時買不到。當時沒有熱水器、沒有網路、沒有電視，和世界斷訊。還好瓦斯爐可用，淋冷水浴一、兩天後，忍不住燒開水洗頭洗澡，畢竟札幌的天氣，還是洗熱水舒服。

但是困境還沒結束。買來便當放進大碗，蓋著瓷盤微波（沒微波蓋），沒想到盤子滑落。聽到「鏘」的一聲，不知瓷盤破了，打開微波爐瞬間，掉出來的破盤子刺入指頭，傷口很深血流如注，用衛生紙按壓了好久，幸好止血了。塗抹曼秀雷敦軟膏後，去附近的藥房買了ＯＫ繃包紮。回來清理碎片、地板血跡，再微波便當，那頓晚飯吃得五味雜陳。血流不止時，還想是否要去醫院急診。那傷口包防水繃帶，每天擦藥汰換，包了好久才痊癒。

自己料理三餐家事，更能體會老婆的辛苦。一個人生活，也能體會獨居老人的滋味。異國無人聞問，偶爾難免孤寂，柴米油鹽的煮夫，語言學習的挑戰，舒適環境的享受，自由自在的遨遊，讓一切變得豐富有趣。

機場入境大盤問、大搜身

——被疑為打工族、毒販，驚險接踵而來

二〇一〇年七月去札幌Long Stay，在桃園機場辦理出境畫位時，華航可能因為超賣客滿，又大概看我是資深公民，且已先在網路預辦登機，一位笑嘻嘻的中年主管，便把我從經濟艙升等到商務艙，航程中備受禮遇。但在新千歲機場入境時，就沒有這種禮遇了。

其實，商務艙的享受，開始是賺到了，後來又被要回去。十月回台灣時，因租屋處沒有磅秤，不知行李超重，雖然在機場丟掉部分，還是被罰了五千日圓（當時約為台幣二千元）。

入境日本，據實填寫資料，這是我的經驗與許多旅遊達人的建議。在新千歲機場通關時，入境卡上填寫預定停留到「十月九日」，入境管理局官員看到我預定停留將近九十天，似乎嚇了一跳，開始一連串的盤問。他先問：「聽得懂日語嗎？」我說：「一點點」，接著詢問入境目的，我說：「觀光和學習日語。我已經退休了」，又問：「這麼長的期間，要做些什麼呢？」我答說：「想去北海道許多地方玩，以及去日語教室上課」。他又指著我填寫的日本聯絡地址，問這是什麼飯店？我說不是飯店，那是要租賃的公寓地址。

面對質問，有備而來

面對詰問時，我一邊答話，一邊打開背包，拿出檔案夾，出示相關證明文件。其實，我是有備而來的。從首次Long Stay開始，就擔心日本雖給我們九十天免簽證，但是真要一次逗留三個月，會不會被懷疑「日本有那麼好玩嗎」、「你有能力玩這麼久嗎」、「假觀光真打工」之類。雖然是銀髮族，被認定有工作實力的可能性較低，但不能防範萬一，所以每次都準備一些證明文件，果然派上用場。

我提示的佐證資料有：一、承租公寓的物件介紹與圖片（自網頁列印）；二、和房仲網與房東聯絡往來的E-mail；三、（要去上課的）札幌志工日本語教室「窗」網頁介紹；四、（曾經上課的）京都府國際中心日本語教室的結業證書；五、銀行存款證明；六、機票；七、退休離職證明等等。

這位官員接下文件後喃喃地說著：「短期滯在ビザ（短期逗留簽證）是不能工作的……」。這時，因為我遲遲過不了關，造成入境窗口大塞車，一位台灣旅行團的領隊過來問：「怎麼了」，想協助我。他看我吞吞吐吐地、能講幾句怪怪的日文，又已提示一些文件，大概想幫不上忙就走了，回頭和團員說，儘量排別的窗口通關。

這位官員只翻了幾張資料，又看了一下電腦，或許過去我對日本只有貢獻（無數次的觀光消費），並無不良紀錄，終於蓋章放行。他還叮嚀說：「吳さん、仕事だめよ！（吳先生，不能工作喔）」，我笑說：「この年齢、仕事ができないでしょうよ！（這個年齡，沒辦法工作吧）」是啊，誰會給ＬＫＫ工作？我有這麼厲害嗎？真希望有（吐舌頭）！很巧的是，三個月後出境時，又碰到這一位官員。他看

到我護照上入境日期表情也是一驚，因為是出境吧，沒再說什麼。但他似乎不認得我了，我可是還認得他。

查無罪證，鞠躬放行

誰知入境審查才「驚險」過關，行李檢查這關的「驚險」又接踵而來。

歷經入境手續的折騰，上完廁所擦汗整裝，從行李轉盤拉下行李箱，些許狼狽與疲憊的心情才平復下來，準備出關。一位看起來很年輕，頭髮紮個馬尾，約二十來歲的女官員，看過護照，問知我是個人旅行時，不知是否起疑，還是通關旅客已不多，先拿著一張中、英文的圖文紙板要我過目，大意是「你有沒有攜帶下列違禁品？」

接著要我打開行李箱，一邊問這是什麼？一邊大肆翻查，拉開每條拉鏈，打開每包袋子。為

被大盤查、搜身後的「歡迎光臨」。

塞東西寸土必爭，藏在球鞋內的藥品、杯子、刀子……全被挖出來。質問兩袋麥片類沖泡飲品，我說是像咖啡那樣的早餐飲料。一袋豆漿粉引起注意，問是什麼？我說：「豆奶」，她摸了一會兒，放過了。一罐易開罐肉鬆也沒事。而一罐烏龍茶葉罐，要送給房東當見面禮的，居然被撕開封條檢查。

行李翻過了，以為OK了，沒想到接著大搜身。她用手與一根小棒子，從上半身、腰部、褲襠，觸摸直到褲管。反正是歐吉桑了，隨你摸了。最後脫鞋子、拔出鞋墊、翻看鞋跟。翻行李之後大搜身，難道這是海關的標準SOP嗎？

因為前面已經耽誤一點時間了，行李通關旅客較少，但還有些過往旅客看著我。這位女官員態度還算客氣，全部查無「罪證」後，她一邊協助把凌亂的行李塞回箱內，拉鏈拉起，最後鞠躬致歉放行。

幾個月前，才在新聞看到名嘴阮慕驊說，全家去北海道旅行，入境新千歲機場時，同團兩個團員被搜出夾帶毒品就

升級商務艙的「好康」變「歹康」？

逮，整團旅客跟著遭殃，被搜行李、搜身、留置偵訊調查與跟蹤，弄得大家很掃興反彈。是否因此事件而檢查趨嚴，我也被掃到颱風尾了？

第一次去札幌Long Stay，迎接我的是無數次入境日本以來，未曾有過的、第一次特別難忘的「禮遇」。隔年再去京都與札幌，還有二〇〇七年首次去京都，兩度入境住了半年，這三次都由大阪關西國際機場入境，都填寫預定停留八十八天，並未引起特別關切，入境與行李都順利過關。

不知是否大阪比較國際化，官員見怪不怪？還是北海道官員少見多怪？或是每個官員作風不同，旅客得碰運氣？大概沒人說得出標準答案！只能說，為避免掃興甚或被拒入境，除了誠實守法之外，若能備妥相關證明文件未雨綢繆，碰到問題較能化解。畢竟若你是去觀光花錢的，應該歡迎而非刁難。

中島公園初夏繡球花。

老外也要居安思危

——防災講演、未雨綢繆，古都求救講中文嘛也通！

日本人嚴謹、認真，充滿危機意識，是民族性使然？或者日本是地震大國，天災頻仍，歷經淬練，痛定思痛使然？他們活在當下，也居安思危，總是未雨綢繆，防患未然。

日本歷史上，重大的火災、震災不少。近代最慘的事件是，一九二三年九月一日的關東大地震及其火災，奪走十四萬人性命。二〇一一年的三一一大地震，帶給日本人的傷痛與禍害，至今仍未撫平與解決，除讓地球公民怵目驚心之外，也帶給我們諸多省思。

日本把九月一日定為全國防災日，每年舉行地震演習，二〇一三年逢關東大地震九十周年，九月一日那天有上百萬人參加防災演練。日本全國到地方，學校、公司到住家，有大大小小的各種防災演練，防患未然的意識，深植於生活中。不僅防天災人禍，也要防各種意外。例如動物園的猛獸脫逃，也會帶來災難，所以有動物園舉行「老虎脫逃演習」，有人扮演老虎，有人扮演民眾，加上馴獸師、警察等等，盡責地演練可能的狀況與對策。演習好像演電影，可是當意外真的發生時，有過經驗熟能生巧，一定可減少災害的。

老外的防災講習演練

古城京都為保護歷史資產，防災工作極為用心，對外國人的宣導、災難救助，也不遺餘力。京都提供英、中、韓、西、葡、菲六種語言的防災指南手冊，手機網頁的災害情報中心，又多了泰、越、印尼語。我在京都府國際中心上基礎日語班，二十堂課中，就安排一堂「防災與火災、急救講習」課程，宣導防災觀念與對策，教導遇到交通事故或犯罪案件時，如何打一一〇電話給警察，以及發生火災與急病、受傷時，如何打一一九電話給消防警察，尋求協助與派救護車（救急車）急救。

上課一周前，日語老師調查每人的語言需求，京都消防局當天安排翻譯員，講華語的三名同學一組，由一位中國留學生負責翻譯。上課的警官，強調京都是木造建築多、古蹟多的城市，防災防火非常重要，請大家小心火燭，共同防範生命財產的損失，並教導剛失火時，如何滅火與逃生。上課重點在緊急求助方法，還把一一九報警中心移到課堂，桌上

消防局來上防災課。

掛著「小心火燭」看板的町家。

放置電話練習報案。日語老師請同學寫住家地址，幫忙注音，大家練習用日語說出地址、電話，再跟著警官學習通報方法，電話打通先說是「火災（火事）」或「急救（救急）」事件，次說「有無受傷、受傷人數與情況」，接著說「地址、電話、姓名」。

然後同學開始輪流用桌上電話報警，現場接電話的女警，複誦確認地址或詢問通報不足的問題。記得當時我說完地址後，還說：「謝謝」，太「鎮靜有禮」，沒臨場感，引起笑果。有人日語文法表達錯誤，「『有』人（います）」變成「『有』物（あります）」了，也引發笑聲。

上完這堂課，一周後還有課外教學。一位日語老師，陪同學去參觀京都市民防災中心（防災センター），除觀看京都地震等災難歷史紀事的電影，四層樓的會館內另有地震、強風、水災等體驗，大家練習用消防泡沫劑滅火，演練火災時逃生動線，並參觀消防直昇機，既有趣也獲益。

日本從政府到民間，整個社會積極落實防災教育。根據各種實驗與過去災害的教訓，製作各種影帶或教材，模擬緊急狀況，讓民眾沙盤推演，知道可能會發生的災害，懂得避難逃難。防災研究和演練，也因應不同的新災害教訓，不斷調整改正，作出新的防患之道。他們透過實際的體驗，學習應變，希望意外發生時減少傷害。在日本搬入房屋首日，瓦斯通氣時，居住者要在場，瓦斯公司職員安檢設備、說明注意事項，看似一種形式，其實也是防災的一環。

日本人居安思危，不僅自己身體力行，也想到當地外國人的問題。各地政府根據外國居住者的國別人數，提供相對語言的生活資訊。京都市政府網頁有英、韓、中文，加上前面提到的多語言防災指南，札幌市政府網頁則多了俄羅斯語。透過宣導，讓外國人懂得應變自保，也能減輕救災的負擔。住札幌時，也知道有防災講習課程，因為已在京都上過，沒再去體驗。

京都求助「講國語」嘛也通！

順便一提，前述的「防災與火災、急救講習」課程，大家必須吞吞吐吐地練習用日語報警求助，現在已經不用那麼麻煩了，你講中文嘛也通！二〇一三年十月，京都一一九消防熱線電話，已啟用英、中、韓、西、葡五種語言同步翻譯系統。外國人碰到意外受傷或突發急病求助時，幾乎沒有語言的障礙。京都提升防災與救難系統的功能，也顯現對外國人的友善，不愧為國際觀光大城。

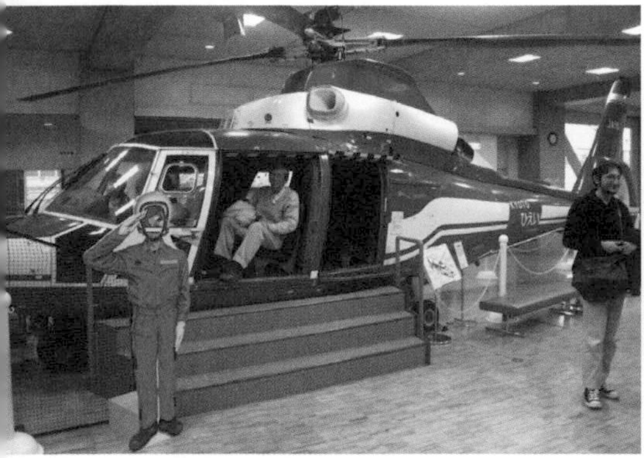

參觀消防直昇機。

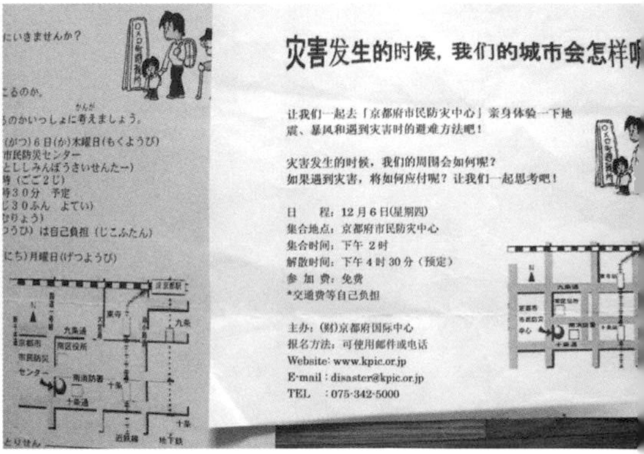

參觀防災中心通知。

三一一大地震的「絆」

——無常、夢、笑、元氣

二〇一一年三一一大地震的傷痛，對日本的衝擊，至今還未過去。災區重建的腳步持續行進，福島核災的夢魘，卻像個吞噬萬物的黑洞，讓日本深陷泥淖無法脫離。

大地震引發海嘯席捲日本東北，人間煉獄的景象，赤裸裸地呈現世人眼前。福島電廠爆炸造成的輻射污染，仍無法解決，幾十萬人被迫離家出走，許多人可能這輩子都回不了家。

我在大地震後的三個月到達京都，六月中正值梅雨季，天氣有時涼快，有時又超熱。住了一個多月，新聞的焦點，除了頻破紀錄的酷暑（猛暑）與中暑（熱中症）之外，就是節電與放射線污染。因為福島核電事故後，各地核電廠暫停運作，造成供電吃緊，實施嚴格限電措施，節電成為生活上的大課題。為分散用電，許多工廠改在周六上班，更不用說調高冷氣溫度、減少照明了，搞得大家生活秩序大亂，又熱又要節電，真是難為舒適慣了的日本人了。

政府刊物與媒體，提供大量的節能方法，對外國人發行的*LIFE IN KYOTO*，也以節水、節電為主題，希望大家共度難關。京都國際交流協會日語教室，冷氣若有似無，人多時同學們頻頻拭汗。公共廁

夢、笑、元氣。

所掛著「節約用水」牌子，烘手機節電停用；電梯減少運轉，請爬樓梯；街頭自動販賣機不再亮眼，又提撥收入捐助賑災；霓虹燈亮度大幅調低，公共場所、車站、電車等減少照明。震災後的日本，感覺上變得「黯淡」，卻多了某種「明亮」。

不管什麼都淡淡的日本人，似乎開始積極地改變自己。日本人有個特質，大家可以為一個共同的理念，都配合遵行，想盡辦法達成。經歷大地震撞擊，當內心波濤洶湧的日本人，體認到節電已不再是抽象的環保課題，而是生活的當下時，節電就成為全民任務。整個夏天，達成節電一五％的目標，接著冬天與爾後幾年也安然度過缺電危機，節電成為生活的一部份。札幌的日語志工老師E-mail說，在這麼冷的雪地，因為節電的呼籲，必須調低暖氣溫度過冬，實在有點辛苦，但也只能盡力克服。

「節電」成為生活的常態。

面對福島站，心情複雜難喻。

核污染夢魘揮之不去

節電的挑戰，大家努力撐過去了。輻射污染的夢魘卻揮之不去，不只災區污染嚴重，距離福島電廠二百二十公里以外的東京，也一再超標。空氣、水、食物污染的消息不停曝光，人們憂心忡忡杯弓蛇影，東京都的礦泉水供不應求。那時候的日本人，既想支援災區，又害怕災區的產品，災區周邊的食品也遭殃。我去超市買菜，也是挑產地在東京以南的，最好是關西本地或以南的。曾看到東京北邊茨城縣的高麗菜，雖比較便宜，仍敬而遠之。後來台灣也禁止進口茨城等五縣的食品[1]。

許多日本人因為核污染被迫流離失所，有些日本人因為擔心核污染離開家園。當時人心惶惶，除了戴口罩、飲食把關外，能走的人則離開首都圈避難（疎開）。政壇名人小澤一郎也被前妻爆料，海嘯核災浩劫後，小澤沒回到災區岩手縣照顧選民，還因害怕輻射污染逃離東京。

日本一位從媒體離職的知名反核人士，二〇一三年來台演講時，正好在日本打工度假的女兒回台負責翻譯。他得知女兒要從大阪轉往東京工作，勸說：「不好吧！」，「我好不容易從東京跑到九州居住，你還要去東京住啊？」他說福島核災，日本人還有地方可逃，台灣那麼小，如果發生核災，不知可以逃去哪裡？

有人被迫或因害怕而離家，也有人為了維生而離家。七月下旬，我離開京都前往札幌，中途到橫浜拜訪百歲的姑媽（請見127頁〈縱貫日本：青春18找回青春〉）。照顧姑媽的婦人岩田桑，就來自東北災區宮城縣，因震災後失業，只好外出謀生。她要照料、餵食坐輪椅、重聽的姑媽，睡同一房間，像哄小孩般地溝通。姑媽說話時而台語、時而日語，常聽岩田跟姑媽說：「阿嬤，說日語。」表哥教她烹調台式食物，告訴她台灣與中華料理，味道該如何做才會好吃，什麼要多一點，什麼可以少一點。照顧高齡者要很有耐心，我只和岩田桑寒暄幾句，卻隱約感受到她災變後的愁緒與挺立。

離開橫浜後繼續北上，在福島轉車停了半個小時，福島因核災舉世聞名，身處距離核災現場六十公里的福島車站，心裡五味雜陳。從仙台車站轉仙石線到中野榮，再搭巴士去仙台港。JR仙石線部分路段毀於海嘯，到二〇一五才修復通車。為確認巴士站牌，和帶著放暑假兒女回北海道的父親聊起來，他說候車這個區域，三一一那天全泡在水裡，聽著他的敘述，又想起海嘯淹沒房屋的新聞畫面。仙台港雖恢復運轉，但仍可見廢棄物瓦礫山。擔心核污染問題，災區瓦礫山處理，後來成為燙手山芋，爾後多年難以解決。

注1：台灣對於日本福島、群馬、栃木、茨城、千葉五縣的所有食品禁止進口，直到二〇二二年二月才解除。

仙台港瓦礫山。

三一一之痛，遠勝於阪神大地震

三一一大地震浩劫，引發核災的恐怖性與複雜性，帶給日本人的教訓與痛楚，遠勝於一九九五年的阪神大地震。曾經被原子彈奪走數十萬人生命的日本，以和平使用核能為名，蓋了五十四座核電廠，占了近三成的供電量。福島大災難後，宣稱核能安全的說法破滅，溫順的日本人開始持續湧上街頭反核。這是大地震前，無法想像的日本映象。七十年來兩度遭受核子大災難，這是日本人的宿命嗎？

二〇一一年底，日本選出當年的代表漢字「絆（KIZUNA）」，不同於中文偏向綁住、繫住的意思，日文的「絆」是人與人之間的聯繫、牽掛、情感之意。三一一驚天動地的無常，改變了日本，讓許多日本人深深感受到，家庭、故鄉、社會，是彼此相「絆」的命運共同體。

幾年來，日本NHK電視台每天播放[2]「那一天的我（あの日わたしは）」、「互相支持迎向明天（明日へ―支えあおう―）」、「重建支援歌曲『花開』（復興支援ソング『花は咲く』）」等回顧追思、反省向前、激勵人心的影像，療癒鼓舞深受創傷的日本人浴火重生。

三一一東日本大地震後兩年，看見大阪一個地鐵站[3]月台的裝置藝術掛上了「夢」、「笑」、「元氣」。這或許是紛亂的年代，面對無常活在當下，最能與幸福相「絆」的力量吧！

注2：截至二〇一四年五月本書初版 完稿時，NHK仍每天播放，一直到二〇二一年三月震災十周年為止。
注3：大阪市地下鐵的六個車站空間設計，二〇一三年三月完成更新，以夢、笑、元氣，喜、櫻、福等字，作為月台牆面裝置藝術。

第五章
日本 *Long Stay* 攻略大全

★本攻略提供的各種費用、資訊，僅供參考。因時間、匯率、稅金等因素會有變動。尤其在新冠疫變後異動更大。近年雖物價上漲，但日圓貶值部分消費反而低下。以下根據本書出版時的新資訊更正。

Long Stay的五大神器與三心兩意

有廚房、網路、超市、單車、日語，
好奇心、玩心、信心，注意安全健康、入境問俗，
日本Long Stay一次就上手。

有人會問，去外國Long Stay需要什麼條件，或者有哪些注意事項？

錢固然是條件之一，但每個人能力、需求不同，錢的部分很難說。有錢ＯＫ（廢話）、沒錢也ＯＫ（真的）。年輕人「度假打工」，就是沒錢也可行的型態，甚至可以賺錢，還有以打工換取農場、民宿等免費食宿的「WWOOF」型態（有風險，請參閱２３７頁〈Long Stay簽證與入境通關攻略〉）。

撇開錢的因素，Long Stay的概念是，停留兩星期以上、在國外同一個城市生活、休閒、遊覽、進修等，目的雖然多元，但都需做好相關的規畫。

想去日本Long Stay，如果要問有什麼神器，可讓生活得心應手？我的答案是廚房、網路、超市、單車、日語（懂一點）等五大神器。

有廚房：廚房不管大小，就有居家生活的感覺。能夠料理一點食物，更多口味選擇，不必三餐老是在外，豐儉容

易掌握，都是有廚房的優點。住飯店比較沒有居家感覺，除非房間附有廚房。日本有些新飯店或舊飯店改造，為吸引旅客長住，已提供附有簡易廚房的房間。另外房間有廚房洗衣機，所謂公寓式飯店也越來越多。

有網路：能上網就能得到和周遭互動的資訊，吃喝玩樂或學習、交流等，都容易連結。以前利用電腦、筆電上網，配備上比較麻煩，現在多了輕巧的平板、智慧型手機，Wi-Fi也普及了，非常方便。所以找住處時，最好附有Wi-Fi的，因為自己申辦網路比較麻煩，而且租期至少一年。

近超市：有超市或市場，生活的第一要務——吃飯就沒問題了。住家附近有超市，生活機能大概不錯。

有單車：有自行車可騎，就有比走路更方便的基本交通工具，也可省下不少銀子。單車是日本人的另外兩隻腳，生活半徑範圍內全靠它，長距離才會搭車、開車。日本都市有好的單車環境，能舒適自在地穿梭大街小巷，有融入當地生活的感覺。

會日語：會一點點日語，更能理解溝通，貼近當地的人、事、物，有更多的生活樂趣。當然不會日語也沒問題，肢體語言嘛也通，何況日本漢字不少，筆談也行。可是會說一點、看一點日文，絕對是加分的。我第一次去「初學日文」時，與後來再去「會一些日文」時，收穫當然不同。

好奇心、玩心、信心，注意安康、入境問俗

遊學，年齡不是問題！關鍵在於興趣與動力的強度。所以，五大神器之外，最好再加上「三心兩意」，有好奇心、玩心、信心，以及兩個注意，注意安全健康與入境問俗（隨俗）。這樣Long Stay更能優游自在。

好奇心、玩心、信心，是Long Stay的基本盤，沒有這「三心」，大概不會有去國外長居的興趣。有好奇心、玩心，才會不怕麻煩出國旅遊。俗話說：「在家千日好，出門一日難」，雖然現代人出門沒那麼難了，可是絕對沒

有在家方便。有信心，Long Stay才會好玩、自得其樂，特別是一個人的時候。

注意安全健康，是在乎自己。日本醫藥費貴，沒保險就醫代價可觀，隨便就要四、五千日圓起，所以凡事別太勉強，以健康與平安為要，並記得投保旅遊醫療險。

在札幌時，傳道人朋友顏先生曾提到，有教友的小孩，租重型機車遊北海道車禍受傷，開刀住院幾天就花了幾百萬日圓，父母來探視為龐大醫療費煩惱，希望盡快轉回台灣就醫。媒體也曾報導有人赴日腦出血，手術費用高達千萬元求助的新聞。我疫後旅日也因摔傷意外掛急診，付了十五萬日圓醫藥費，還好有保險理賠給付。

注意入境隨俗，是在乎別人。認知且尊重當地的習俗、禁忌、規矩，比較不會招致異樣的眼光、出糗、出事。首先要隨俗的是，多數地方自來水是可以生飲的（公廁水源較不宜）。另外，日本是「左派」國家，車子靠左走，人也靠左走，下車開左邊車門。若你堅持當「右派」，可能行不通，容易和人相撞，甚至發生意外。尤其剛到達日本的一兩天，很容易左右混淆，轉不過來。搭公車可能弄錯邊，搭上反方向的車子。更危險的情況是，為了照相取景角度需求，一看「前方」無來車，突然從左側人行道走下車道，忘了應該是「後方」來車，這個疏忽可能造成車禍。

日本交通是以人為本，車讓人。行人穿越道（斑馬線），絕對是行人優先。若見到車子讓人，人卻想讓車的猶豫鏡頭，可能是遇到「同胞們」！人行道上騎單車也要禮讓行人，難超越時隨後耐心慢騎，勿按鈴聲驅人，通常聽到慢慢地煞車聲響，行人會讓路，有時還會回頭致歉，這時騎士宜道謝致歉。

去日本，神經變「卡小條」

一般而言，日本人比較守法、群性、秩序、拘謹、安靜，我們比較不守法、個人、自由、熱情、喧鬧。請注意是「比較」而非「絕對」。用白話文說，就是神經卡小條與神經卡大條之差別。我們去別人家裡做客，神經小條一點，配合、尊重主人的生活規律，是一種禮貌。特別是公共場合，盡量降低音量，別忘情談笑風生。日本電車上，要求手機鈴聲設為「震動」，也少有旁若無人的「廣播電台」；不過若是同伴聊天也很吵，特別是年輕人。

日本旅遊網站也曾提醒旅日老外：

1. 遵守觀光景點的規定，聽從導遊與當地人的勸導。
2. 風景再美，也勿擅闖私人土地。
3. 去自然觀光景點，勿餵食野生動物，垃圾請帶走。
4. 餐廳避免預約未到、吃剩食物，勿以筷子互遞食物等等忌諱。
5. 居酒屋用餐需先點飲料或接受前菜（お通し）。
6. 大眾運輸工具先下後上，不可講電話或高談闊論。
7. 溫泉與澡堂洗淨身體後才進浴池，不能穿衣服，毛巾不能放入浴池。
8. 避免未經許可隨意拍照。

別問別人隱私、口沒遮攔亂批評

日本人尊重別人的隱私，也避談自己的事情，除非人家主動說起，否則不要問東問西的。還有在車上等公眾場合，別肆無忌憚地用「國語」批評、取笑你不以為然，或覺得好笑的日本事物。別以為人家聽不懂，現在世界交流密切，通曉多國語言的人多了，小心隔牆有耳。曾聽到一個笑話，有人在國外用國語笑說一位洋老外「肥得像豬」，那老外回頭說「我是很肥，但不是豬！」口沒遮攔愛說笑，很不禮貌，也可能糗大了。私底下愛批評沒事，公共場所還是不宜吧！

二〇二三年有YouTuber在餐廳拍片共食大聲喧嘩，用嘲諷誇大輕蔑語氣，批評五家日本平價連鎖店難吃，還說罵沒關係他們聽不懂，引起台日網民反感。平價食堂是經濟實惠有人氣，也是庶民的美食，就像我們的排骨飯、雞腿飯一樣，好不好吃是見仁見智的。他們未入境問俗隨俗，又大剌剌的笑罵侵門踏戶，實在失禮丟臉。

日本人有禮貌、講輩份，長幼尊卑有序，可是，博愛座讓座風氣不如我們。日本人很怕麻煩別人，不知是否這個原因，若你想讓座也要看對象，垂垂老者沒問題，他們會接受、道謝，有年紀但看似硬朗者，可能不領情。一次在京都公車上，讓座比我老的先生，他道謝而不就座，直說「大丈夫（沒問題）」。

人與人，國與國，當然有差異，理解當地的風土民情，就不覺得好笑。記得年輕時赴日，看到日本人吃麵用力吸食、發出聲音，有點被嚇到，覺得沒氣質！後來才知道，那表示麵好吃、讚美的禮貌。餐廳用餐後，還要跟老闆說「好吃、謝謝」。吸麵、發聲的禮貌，我至今學不來。也許我們無法入境隨俗，但入境問俗，交流就是一種樂趣。

Long Stay與旅行不是換個地方吃飯、睡覺。是因為那裡不一樣，才被吸引去那裡，是因為不一樣才好玩。掌握五大神器與擁有三心兩意，Long Stay一次就上手。

如何為Long Stay找個家？

月租／1人（京都爲例）

商務飯店／約十五萬日圓起

短租公寓套房／七萬日圓起

民宿背包客棧雅房／四萬日圓起

民宿背包客棧團體床位／三萬五千日圓起

食、衣、住、行、育、樂在Long Stay的順位，首先要有地方住。

根據自己去外國長住的目的（請參見下一篇「Long Stay規畫、費用」），找到合乎需求的住宿，其他的問題就好解決了。早年老外在日本租房子很麻煩，資訊管道少限制多，我首次透過朋友協助介紹，費了一番功夫；第二次網路搜尋聯繫，但房東沒有MAIL，還要請懂日文的小女多次電聯才成功；第三次京都是上網搞定，札幌則商請朋友租屋。現在訂房網站十分活絡，資訊管道多限制少，已不可同日而語。為Long Stay找個「家」，比當年方便容易多了。

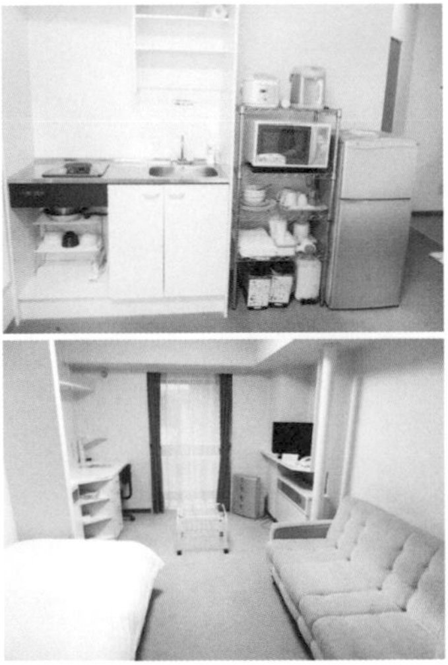

周月租公寓大多比飯店寬敞，有廚房方便自炊。

Long Stay住宿選擇

房源房型	自炊設備	月租	優點	缺點
一般飯店	少數有小廚房	15萬日圓起	有人服務	商旅空間小
民宿、背包客棧、ＹＨ	多數有公共廚房	團體床3.5萬起 雅房4萬起	交流機會多	共用衛浴 空間小隱私低
周月租公寓（房價全包）	套房有廚 雅房無廚或共用	7萬日圓起	空間多較大 私密性較高	少有服務餐飲設施
周月租公寓（房價複雜）	同右	10萬日圓起	同右	同右

房源房型與小資族選擇

找房子，從飯店、旅館著手，最方便、也容易，「一卡皮箱」就可進住。可是飯店、旅館的房間少有廚房，少了家的感覺，飲食口味完全操之於人，餐餐外食也比較花錢。而且飯店房租較貴，日本便宜的商務旅館，現在一晚要五六千日圓起，月租約需十五萬日圓（約四萬五台幣／匯率１：３０時），房間又很狹小，長住難以放鬆。雖然有些飯店已針對長住的需求，增設附廚房的房間，畢竟還是少數，而且所費不貲，月租約二十萬日圓起。

小資族可以考慮有公用廚房的民宿型旅館 、背包客棧或膠囊旅館等等，提供另一種共同生活Share House（シエアハウス）的選擇。優點是可與房東房客交流，缺點是民宿雅房、團體房多，套房少，重視私密性者要考量，能否適應長期都要共用衛浴的生活。月租雅房約四～五萬、團體床位約三～四萬日圓起。

提醒：一個人住宿YH、民宿、背包客棧雅房、團體床，可能較經濟，但兩個人就不見得了。有可能長住折扣後，套房費用比雅房低。當然還要看地點、設備而異。

附家具家電的套房較理想

如果預算可以，理想的Long Stay住宿，最好附有網路、衛浴、廚房、洗衣機、家具家電、棉被的公寓套房，月租一人大概七至十萬日圓起（兩人費用較低），獨立門戶出入私密性高，室內至少有六、七坪（約二十平方米）以上，空間就不會太侷促。地點選在市區地鐵站周邊，附近有超市，生活與交通機能方便。若能租借單車更佳。長住攜帶的行李通常不輕，若住樓上注意有無電梯。

提醒：想要自炊者，注意避開迷你廚房、冰箱，免得綁手綁腳被廢武功；若是烹調用具不足還好，去百元商店（100円ショップ）購買大概可以滿足。

這類的房子，若提供短期出租，日本稱之為「周租公寓（ウィークリーマンション／Weekly Mansion）」、「月租公寓（マンスリーマンション／Monthly Mansion）」。有些公寓日租也可以，提起日租套房，有人會擔心安全問題。只能說日本建築管理嚴格，大家比較守法，相對比較為安全。日本已自二〇一八年實施民泊法，能承租合法登記的物件更佳。

周月租公寓，規模大的，整棟樓都是出租公寓，由公司經營，管理比較完善。規模小的，零星房間由屋主委託不動產公司仲介，幾乎沒有管理服務。另有屋主自租的，房租較為低廉，洽談則比較麻煩，有些還要保證人。兩次去札幌長住都找到屋主自租的房子，全然是可遇不可求。

周月租公寓房租算法複雜／費用全包的優先

周月租公寓多以一人居住為計價標準，二人住每天約增收一千日圓起。房租算法，有些跟飯店房價一樣，不囉唆「全包」（全てコミコミ），這類公寓最受歡迎（部分會規定水電費超額自負）。有些在房租之外，另計水電瓦斯（水道光熱費）、管理費、清掃費、手續費，或者保險費、網路費、寢具費等等，算法有按天數的、按住宿期間的，十分複雜，當然偶有促銷活動，免收光熱費等。不過除非遇到全包，還是挺麻煩的。

周月租公寓訂房大多需預付定金，入住時付清全部房租，在check in時，通常要簽房屋租賃契約，說明住宿的設施與相關規定，如垃圾分類處理、洗衣機使用時間、外出關閉電源等生活安寧、安全問題。通常跟房屋管理人，就見這麼一次面，有事電話或E-mail聯絡，check out退房時，只要把鎖匙放入指定的信箱，就掰掰了。有一次在京都碰到颱風，想多住一晚也有空房，管理人也不來，只要我把租金留在屋內即可。這好像住房時說明不少住戶公約，接下來就是彼此的信任關係了。

公寓與飯店的優缺點

周月租公寓與飯店比較之優缺點如下：

優點：同樣大小的房間，費用通常比飯店便宜多了，住宿愈久折扣愈低；有廚房及基本鍋具餐具、洗衣機，空間大者還有客餐廳，大多是獨門獨戶，私密性高，像個小住家。如果是和房東合住的套房、雅房民宿，常有機會和房東、房客互動交流，較有練習語文的機會。

缺點：多數沒有休閒餐飲等設施，不像飯店隨時有人伺候，有些有管理人值班，有的只是與周租公寓無關的大樓管理員，也有無管理員的公寓；要自己處理垃圾分類，看公寓型態不同，有些只要簡易分類，放置大樓垃圾箱，有些要照社區回收日、放置點棄置；不會每天清理房間，換浴巾毛巾，需要的話另外付費；通常房間沒有電話，有也是內部聯絡用；退房前需做基本的整理打掃；大多數不能暫寄放行李。有些公寓限制會說一點日語者，才能訂房（多數沒限制，甚至有中文租賃契約書）。

如何訂房？

飯店、旅館民宿、YH、背包客棧（ゲストハウスGuest House）等，可透過訂房系統如日本樂天旅行、雅虎、Booking等平台，或找到官網、業主E-mail直接洽談長住（長期滯在）優惠，**日本房網似乎比中文房網優惠些**。

周月租公寓，以前大多以E-mail或網路訂房，近年來上述Booking、樂天等平台，也有周租公寓或公寓式飯店，還有主打民宿的Airbnb、民泊預約網STAY JAPAN、地區型公寓房網等等，訂房比以往更加方便。其他有月租公寓、房租算法簡單的房仲網，也是個選擇。

新冠疫情翻轉世界後，日本旅宿業消長，有關門也有創新機的，例如以優惠的Long Stay方案攬客，更有月租飯店訂房網出現，也頗受歡迎。

提醒：一般訂房網長租較麻煩，最好找到業主商談折扣，例如預訂可免費取消的房間取得聯繫後，進一步了解是否合乎需求。

租屋搜尋關鍵字與情報

「周租、月租公寓（ウィークリー／マンスリーマンションWeekly／Monthly Mansion）」、「附家具短期出租公寓」（家具付きの短期賃貸マンション）、「附廚房的飯店」（キッチン付きホテル／Kitchen Hotel）、「長期滞在型宿泊施設」等。提供部分網頁如下：

一、**便宜周租公寓　長住型附廚房飯店**（格安ウィークリーマンション・滞在型キッチン付きホテル）　https://www.eyamax.com/wm/index.htm

二、**樂天訂房網周租宿泊**（關鍵字：ウィークリー／Weekly）以日文檢索房數較多。日本各地長住型旅宿，但有些無廚房。　https://travel.rakuten.co.jp/

三、**Airbnb與STAY JAPAN民宿房網**

Airbnb日本提供各地民宿。STAY JAPAN提供各地農漁家、農牧場、溫泉、古宅民宿。　https://www.airbnb.jp/japan/stays　https://stayjapan.com/

四、月租飯店訂房網（マンスリーホテル）

疫情後才出現的訂房網：最少七夜最長半年。優惠：約八折。房價：未選擇天數時，顯示的金額是十四天的最低費用。有自炊需求的Long Stay朋友請注意，月租飯店房間大多無廚房，有些民宿型旅宿則有公共廚房。　https://monthlyhotel.jp/

五、日本HOMESTAY（Famiylinn Japan)

日本鄉下Long Stay住宿家庭中文網頁，最少四夜。https://familyinn.org/zh/

札幌中島公園秋色。

Long Stay規畫、費用＋省錢撇步

小資族可選擇：

住——中小型城市、吃——超市熟食與自炊、行——善用一日券與單車、買——日系品牌、盛產特產東西，以及把握日圓貶值低下時出遊。

住宿問題解決了，再談食、衣、行、育、樂等生活開銷，以及旅日目的與規畫，不同的目標會有不同的花費。

旅日目的與規畫

想去日本長住，是旅遊為主還是學習為主？或者是半遊半學？雖然旅行就是一種學習，但這裡指的是有主題、目的的學習，如日語、茶道、技藝等。

如果是四處遊歷、享受美食，要有寬裕的預算；定點生活居遊，花費可能較低。如果又遊又學，學費的高低要看學習目的與場所而定，例如學習日語，學校費用較高，但課程緊湊、有系統性，適合考試升學；公益性日語教室較低或免費，但初級班之外課程較零碎、以會話交流為主。

遊學目標不同，地點、花費也不同。如果旅遊為主，除最愛城鎮之外，可找觀光資源多的地點；想遊學兼得的，可找兩全其美之處。例如我先去京都Long Stay，因為她是我所愛的古都，又有豐富的公益性志工日語課程，再去札幌也是兩者兼得，雖然日語課程較少，卻是避暑地、森之都。

遊學兼得　中小城市房租較低

Long Stay或想上課學日語，小資族可選擇中小城市，房租會低於東京等大都會，公益性學習資源也比較集中。十個物價較高的都道府縣政府所在地都市：依序為東京都、川崎市、橫濱市、相模原市、琦玉市、京都市、大阪市、札幌市、福島市、千葉市、山形市[1]。

想學習藝文技能，有茶道，插花（花道、生け花），製作和菓子、壽司、章魚燒（たこやき）、蕎麥麵（そば）、烏龍麵（うどん）等等。體驗課程學費費低或無料，許多城市都有開課，如京都、札幌、大阪等。職人證照課程學費高，大阪一家有名的拉麵（ラーメン）學校、一天要五萬五日圓，另加一萬二翻譯費，有一天到六天的課程。高松的讚岐烏龍麵學校一天也要五萬日圓。

興趣廣泛的人，可遊可學的東西很多，小玩小學和大玩大學，不同花費，就看個人了。

每月花費約十萬日圓起

接著把旅日生活概估的費用提供參考。具有私密、舒適性的Long Stay，每月基本花費約十萬日圓起，計算方式如下。

房租：以含水電網路等費用的周月租公寓套房來計算，一個月約七至十萬日圓起。

餐費：外食，以大眾化餐館定食為主，每天二千日圓，一個月約六萬日圓。自炊或買熟食，含超市半額食物，偶而外食，一個月約低於三萬五千日圓。（以二〇二三年物價可能加一成）

交通：每天購買約五六百日圓的一日券的話（事實上不需要），一個月約一萬五六千日圓，若配合使用單車則更經濟。

省錢：以上，會因地點、個人豐儉習慣、購物、美食等需求不同，而有增減。如果一人住宿團體房、雅房，或者兩人結伴同行同房，房租也會省一點。

日台物價比一比／有貴有便宜

日本物價說貴不貴，雖然整體比台灣貴，但稍加留意有不少更便宜的部分。經濟泡沫化後三十幾年來，「日本物價很高」這樣的說法，要修正了。平民化的商品越來越多，這也是月花台幣二三千元的省錢達人節目，能在電視大行其道的原因。還有，可以選擇日圓貶值低下時成行，那就物美價廉了。

交通費最貴但有對策

短程善用地鐵、巴士一日券，長程善用周遊券，做好功課路線規畫，可降低交通負擔。例如短程只用一種一日券，集中使用效益；短程不用周遊券，因為划不來，看得到吃不到。（另見２５３頁〈京都Long Stay住宿、交通〉、２６４頁〈札幌Long Stay住宿、交通〉）

三次大Long Stay大概費用（不含機票）注

一、京都六個月：2007／8月～2008／1月

二層樓房租	2萬×6＝12萬	含水電瓦斯
網路與電話	約3.6萬	網路、手機、市話
生活費	約21萬	含家電單車、日語、旅遊、購物等流水帳
合計	約36.6萬日圓	約台幣10.2萬／當時匯率0.28（100日圓台幣28元）

二、札幌三個月：2010／7月中～10月中

套房房租	4萬×3＝12萬	含水電瓦斯
網路與電話	約1.2萬	網路、手機
生活費	約11.3萬	含買單車、交通、旅遊住宿、購物流水帳
合計	約24.5萬日圓	約台幣8萬／當時匯率0.32

三、京都與札幌三個月：2011／6月中～9月中

套房房租	10.7＋6＝16.7萬	含水電瓦斯、京都另含網路
網路與電話	5千日圓	網路、手機
生活費	約13.2萬	含交通、旅遊住宿、購物等流水帳
合計	30.4萬日圓	約台幣11萬／當時匯率0.36

注：以近年（2019~23）物價對比，房租交通食物費上漲，網路電話機票費略低。但日圓低下，部分消費反而便宜（2022~23匯率約0.23）。

住宿次貴，有些比台灣便宜

不提膠囊旅館、網咖之類的，一般四、五千日圓的乾淨商務飯店、民宿，並不難找。品質更好的大飯店，一萬日圓上下就有。高檔的豪華飯店，常透過訂房系統大打折時，可用低價住進ＣＰ值高的房間。租屋也是如此，除了東京等大都會之外還好，只是租金外附加不少所謂的初期費用，對於短期租賃者比較麻煩、吃虧。所以Long Stay需求的短租，利用上一篇〈如何為Long stay找個家〉介紹的周月租公寓等物件，比較方便划算。

吃，豐儉由人，可以比台灣便宜

小吃類較貴，中價位快餐定食有拚，有些ＣＰ值較台灣高，牛丼、平價壽司屋、拉麵店與燒肉不貴，高檔美食也有平價超值的。超市半價熟食、食品、超商飯糰便宜；海鮮不貴；當地蔬果較貴，但盛產時很便宜，進口水果香蕉等也很便宜。鮮奶產量多，相關牛奶製品便宜，如優格、蛋糕、泡芙、甜點。糖果餅乾等零食也便宜。（另見１９２頁〈駐日煮夫，「非大丈夫」料理〉）

若有特殊飲食需求或習慣者，最好從台灣帶去，如日本只有嬰兒奶粉，少見成人奶粉，有也是脫脂或配方奶粉，較少沖泡飲品，沒有肉鬆、魚鬆、豆干等，沒有電鍋有電子鍋。

玩，多數較貴

各種遊樂展覽場所門票不低；卡拉ＯＫ不貴，約台灣的三分之一，但設備沒台灣好。溫泉與澡堂（錢湯）泡湯不貴。

購物，有貴有便宜

一般生活用品、服飾、球鞋、藥妝與OUTLET過季服飾，多比台灣低廉；其他物品看產地，日本商品與新興國家商品，多較便宜。另外超值的有蚤市（請見96頁〈跳蚤市場挖寶樂〉），以及中古品商店尋寶。日本的中古品市場之多元豐富，值得一逛，有衣服（古着）、書（本）、3C產品、家具家電雜貨等，有的還發展為連鎖店，如到處可見的BOOKOFF書店等。BOOKOFF有些店不只賣二手書、光碟，更是名牌商品、家電、服飾雜貨、玩具、手機等複合式商場（SUPER BAZAAR）。

省錢小撇步／口袋深者不必看

除了從上述物價差異，去尋求經濟樂活之道，再提供小資族省錢撇步。

機票：避開旺季、提早預購、利用廉價航空單程票等。如夏天是北海道旺季，機票在六月中以後漲價；三月下旬、十一月中旬，是春櫻秋楓季節，機票要早早預定比較保險，也較便宜，機票期限越長越貴，若有適合的廉航機票，來回都買單程票，即使包括行李、可改期、選擇較舒適位置的票種，也卡俗啦。

租屋：應是最大的支出，若能直接找屋主或業主租賃，比較便宜。首次去京都與第一次去札幌長住，幸運找到房東自租的房子，含水電等月租不到五萬日圓。通常周月租公寓大廈，套房一人月租約七至十萬日圓起，二人稍貴一點，但平均下來，也比一人便宜。能找到像飯店一樣，房租包含一切費用的最單純，但是算法複雜的公寓，可選擇有折扣或全包促銷的（キャンペーン中、コミコミ）。

交通：交通費比台灣貴逾三倍。沒提供單車的公寓，長住的話，買一輛代步吧！一般簡單淑女車（ママチャリ），現約一萬六千，中古約五千日圓，若是新車，離開前還可再賣給中古車行，所以租不如買。其他交通工具省錢之道，另請參考前述「日台物價比一比」等。

吃飯：食在日本，可以比台灣便宜。除非嚮往美食，少去餐廳，善用超市、超商、市場多元食物、熟食、生鮮，特別是盛產的、打折的，自己簡單加熱或下廚調理，絕對是吃得好又省錢之道。例如折扣的鮭魚或生魚片，稍微煎烤就是物美價廉的一餐。敢吃納豆的話也推薦，種類很多的盒裝豆腐，搭配小袋鰹魚片，都是方便平價、營養美味的配菜。

別錯過盛產時的蔬果，如北海道山藥、馬鈴薯、南瓜、玉米、地瓜與高麗菜、水菜、菠菜、蘿蔔等，以及蜜柑、水蜜桃、梨子、柿子、草莓、蘋果、櫻桃、葡萄、夕張與富良野哈密瓜等等。

外食以平價連鎖餐廳為主，如松屋、吉野家、すき家、なか卯、王将等，丼飯、定食約四百至六七百日圓起；另外彌生軒（やよい軒）、宮本むなし[2]等點定食，飯隨意吃，很適合飢腸轆轆的旅人。特別喜歡小家碧玉的彌生軒，還有大學的食堂，也是高ＣＰ值的。（彌生軒二〇一四年進軍台灣，和許多拉麵店一樣，來台都變貴了，在日本可以便宜的吃，哈哈）

育樂：遊樂、展覽、名勝門票不低，挑有興趣的、重要的。其他找免費（無料）的資源，例如神社多數免費，寺院、展館、活動也有，上網查一下，省錢顧荷包好康不少。

通信：現在網路使用比以前方便低廉太多了。智慧型手機通話費貴（算國際電話），少說為宜，盡量用Line、ＦＢ等傳訊通話。上網想省錢，租屋找可上網或有Wi-Fi的，出門可找免費Wi-Fi[3]，回家再上個過癮。或者使用以下方式：

原手機門號漫遊：對熟齡族來說最方便，省去再換卡設定的麻煩，中華電信等有日本１ＧＢ七天一百四十九元的輕量型方案，一個月４ＧＢ約六百元，這個流量若只是外出使用已足夠，在住處旅店就用公共Wi-Fi。如果快用完，再上網加購就可接續使用。

ＳＩＭ卡：中華樂遊通六天３ＧＢ為三九九元，要抽換手機原來的ＳＩＭ卡；另外是eSIM卡，要做一些設定與下載，比較麻煩。還有租日本網路，例如Wi2 300一周二千日圓的特惠包[4]。

Wi-Fi分享器：隨時離不開Wi-Fi的，短期旅行就租台灣業者Wi-Fi分享器吃到飽的，一日約一百元、月租七百元起，可以多人使用。

注1：日本消費者物價地域差指數（2021年）
https://www.stat.go.jp/data/kouri/kouzou/pdf/g_2021.pdf

注2：やよい軒　https://www.yayoiken.com/，宮本むなし　https://m-munashi.com/。

注3：免費Wi-Fi　https://japanfreewifi.com/zh-hant/（還有其他ＡＰＰ，請Google搜尋）

注4：Wi2 300　https://wi2.co.jp/tw/300/

熟齡族悠遊Long Stay攻略

熟齡族體力狀況，可能不如青壯年，無法像年輕時是個耐操超人，能夠起早摸黑玩到飽。建議以享受居遊、安康樂活、行程寬鬆為前提，事先做一點準備功課，讓長短Long Stay都能優游自在。以下分享個人與許多旅遊達人的經驗，也可供年輕人安排長輩旅行時參考。

準備個人藥品用品

個人必須的藥品、醫院藥袋（有就診需求時可給醫師參考）、保健品、常吃常用的食物與用品等，列出清單取捨。想想有無平常飲食習慣或必須的食物？例如日本人習慣喝鮮奶，沒有一般成人奶粉，以前也少有沖泡穀粉，近年來超市已有穀粉類飲品，但沒有台灣普遍，有需求者可帶一些。日本沒有肉鬆、台式魚鬆，但肉製品規定不能帶入境，可選擇日式香鬆、鮭魚鬆替代。

３Ｃ用品，首要準備合乎需求的漫遊網卡。手機之外最好帶個行動電源，因為旅行使用機率高很耗電，選擇輕便、快充與電池容量大的。有一個多孔插座也不錯，滿足手機、相機電池等裝置可同時充電。Long Stay時間較久，看個人需求可帶平板或小筆電。

居遊時間長又能自炊者，可考慮帶調理方便的電鍋，日本有電子鍋，少有電鍋。

投保海外旅遊平安險

日本醫療費用高，建議投保附加疾病醫療的旅遊平安險，有備無患。除了選擇合乎自己需求的保險內容，還要注意年齡與保額的限制。

疾病醫療還包括法定傳染病、防疫險的，目前國內只有美商安達、臺灣產物、旺旺友聯承保。日本則有兩家外國人專用的旅平醫療防疫險：

1.「東京海上日動」，只能入境日本後上網投保，年齡限制七十歲。

https://www.jnto.go.jp/emergency/chc/mi_guide.html

2.完美行代理的「損害保險日本興亞」，可在台灣線上投保，無年齡限制。

https://tw.wamazing.com/insurance

乾冷氣候對策

防寒乾癢：日本天氣較乾燥，特別是秋冬天乾冷，皮膚容易乾癢起紅疹難過，尤其是下肢腳踝周邊。我常有此困擾，但回台後就好了。只能多補充水分，多擦乳液或止癢乳藥膏，滋潤皮膚防範。外出帶水壺裝熱開水，可潤喉暖身，禦寒衣物以剝洋蔥方式穿著，方便穿脫，減少室內外、車內外溫差太大，如洗三溫暖引起風寒感冒。

加濕防鼻血：濕度低再開暖氣更乾燥，在旅館可借加濕器，或者室內裝盆水（臉盆也可以）、浴室不關門，來提高房間濕度。有時會乾到讓人流鼻血，鼻孔可擦點凡士林或面速力達姆，或用噴鼻器裝開水噴鼻子，也可買加濕口罩來戴，都可保濕防範流鼻血。

防範靜電：另外，太乾燥碰東碰西一直被電也困擾，防範之道有：羊毛尼龍衣物易觸電，改以棉質為主。隨身攜帶金屬物品，如鑰匙、硬幣，觸碰金屬門把後再開門，或手部保濕，先用手摸玻璃、牆壁放電，或擦護手霜也可防靜電。

順暢飲食對策

日本一般餐食蔬菜少，氣候乾燥，容易引起便秘。對策是要設法多喝水，特別是早上與在住處時，聽說檸檬水、蜂蜜水也不錯。再者設法多攝取蔬菜水果等食物。

如日式餐廳，我常選擇「肉野菜炒め定食」、「しょうが焼定食」（生薑燒肉，會搭配很多高麗菜絲），或者吃蔬菜多的中華料理，買中華飯、八寶菜便當等等。超市超商買納豆（敢吃的話）、高麗菜絲……如果能自炊選擇更多，可燙青菜，蒸煮金時地瓜、北海道南瓜、冷凍毛豆等等。

為了多吃水果平衡餐食蔬菜不足，我習慣「帶刀子去日本」！自備水果刀、刨刀（需放在托運行李箱），以及筷子、湯匙。想吃台灣貴森森的日本當令美果時，不用傷腦筋，就可吃個過癮，增加旅遊樂趣。（日本百圓店也可買到這些刀具）

日本超市最便宜的水果是菲律賓香蕉，約一百日圓一串，方便但量多有壓力；其次是蕃茄（夏天）、進口葡萄柚、柳橙等，還有美味的日本草莓、水蜜桃、哈密瓜、梨子、柿子、蘋果等，不少都要動刀子。為了怕危險與責任，旅館飯店大多不出借刀子。（有公用廚房的背包客棧、民宿，則沒問題）

除蔬果幫助順暢之外，也可大啖日本平價的無糖低糖優格、乳酸菌食物、寒天食品等，另外就是服用益生菌、軟便劑了。

輕鬆旅行對策

再來就是旅行的方式，要比年輕時緩慢。

例如避免安排與平常作息差異太大的行程，如紅眼班機、夜行巴士，除非想要刻意體驗。出遊景點不貪多不勉強，一天一個兩個，悠哉悠哉最好。背包掛個小手電筒，走夜路時好用，日本山區步道踏青也可掛個鈴鐺，示警熊等動物。

盡量定點旅行，少換飯店，減少整理搬運行李麻煩。住宿選擇靠近車站與交通樞紐地點，減少耗費體力與時間。房間不求豪華，但求舒適乾淨自在，最好是套房；如果兩人，最好兩床。有人老來仍可長住團體床膠囊房（很厲害），我是偶而ＯＫ、常常不行，已無法眾聲喧嘩隨處好眠了。

年紀大可能較頻尿，注意路線上洗手間地點，避免需要時進退兩難。搭乘長途電車選擇有廁所車廂，搭長途巴士先了解如廁問題。多考慮安排上廁所的時機，這是熟齡生理趨勢與世代差距。

善用半日遊、一日遊行程

交通方便的景點，可以隨興自主遊。如果是比較偏遠或是交通不便之地，除了租車自駕之外，參加當地旅行社或觀光協會的半日遊、一日遊或者二日遊行程，是聰明省時的選擇，既可避免舟車勞頓，也有領隊導覽「案內」，即使言語不通一知半解，總有收穫。

例如，想觀賞北海道支笏湖冰濤祭迷人夜景（所有雪祭都是越夜越美麗），從札幌出發，要搭電車到千歲市換巴士，而且巴士班次不多、收班又早，我就參加半天的Tours（ツアー），下午三點半出發，九點半回到札幌。費用和自己搭車換車差不多，既玩得輕鬆，又不用擔心人多擠不上車，被放鴿子在雪地回不了家。

宅配行李趴趴走

Long Stay或慢遊，可能會帶大行李，長距離移動時，可以先宅配行李到下一個主要住處，輕行囊少束縛輕鬆趴趴走，中途下車遊覽，也不用擔心寄放問題。我從京都Long Stay轉往札幌時，就先寄走行李箱，準備幾天衣物與用品，一路搭車搭船縱貫日本。行李宅配，除超商、機場外，也可來飯店、住處收取，或填寫宅配單交給旅館處理，收件人除了下個飯店地址電話之外，並註明「○月○日宿泊予定の○○○（姓名與電話或預約的代碼）」。

行李箱運費：尺寸140（長寬高合計140公分），同區內（如關東）約一六六〇、跨區（如關東寄關西）一九四〇日圓起。郵局ゆうパック（Yu-Pack）運費，比ヤマト（黑貓）宅急便略低，超商或飯店寄送有優惠。

有一年巡遊北海道二十八天，安排一個定點停留三四天，然後宅配行李到下個定點預約的飯店，定點之間的景點停一兩天，只帶個背包或拉桿背包。行程安排如下：

寄行李	背包客	寄行李	背包客
札幌3晚（寄行李↓知床）	↓初山別2晚↓稚內2晚↓浜頓別1晚↓網走1晚	帶廣4晚（寄行李↓函館）	↓層雲峽1晚↓旭川1晚↓札幌2晚↓小樽與俱知安2晚
知床3晚（寄行李↓帶廣）	↓阿寒湖2晚↓糠平溫泉1晚	函館2晚（寄行李↓東京）	↓結束行程轉往東京

・**日本郵便局**：https://www.post.japanpost.jp/cgi-simulator/youpack.php

・**ヤマト宅急便**：https://www.kuronekoyamato.co.jp/ytc/scn/search/estimate/all_list.html

※相關內容另請見１３６頁〈郵差總按兩次鈴〉

日本Long Stay簽證與入境通關攻略

觀光免簽證遊學的問題與對策，旅日一年內最好勿超過半年

日本並無名為「Long Stay」的簽證，我首次遊學京都半年，是用九十天觀光免簽證兩次進出完成的；但二〇一五年起針對富裕層外國人延長觀光期限的特別簽證，可稱為Long Stay簽證。

《Long Stay遊學相關簽證》

簽證種類	對象	條件	停留期限
特別簽證1	富裕層外國人	三千萬日圓以上存款	半年，可延為1年
觀光免簽證	一般觀光客		90天
打工度假3	青少年	18～30歲	1年
留學簽證	日語學校等學生	18歲以上有財力證明	最長4年3個月

一、特別簽證／Long Stay簽證（特定ビザ ロングステイ）[1]

日本外務省在特別簽證（特定ビザ）的特定活動（觀光保養目的Long Stay／ロングステイ）項下，給予富裕層外國人六個月Long Stay簽證，並可在日本申請延長至一年；然後需回國申請新簽證再旅日。對象是「短期滯在」免簽證國國民（如台、港、星、馬等）。條件如下：

1.需年滿十八歲，有三千萬日圓以上存款證明（夫妻可合計）、旅行保險。

2.配偶可同行（子女不可），但不住同一地方時，存款證明增為六千萬日圓以上。

詳細規定請洽詢日本台灣交流協會。聽說此簽證至今申請者不多，或許富人旅日的方法很多，例如在日本開公司申請經營管理簽證（経営管理ビザ），就可取得長住的資格，用不著這項簽證？有人以此方式常住日本，方便來來去去，但這個簽證和其他工作、學生簽證一樣，無法使用觀光免簽證才有的優惠票券。

二、短期逗留免簽證（俗稱觀光免簽證／ビザ免除・短期滞在）

對象是以觀光、商務、親友訪問等目的，逗留九十天以內，不得從事有報酬活動者。所以利用觀光免簽證去日本旅行或遊學，沒超過三個月，理論上是ＯＫ的，但也有變數（**特別是就讀日語學校**），要做好準備（請見下文「入境審查部分」）。

Long Stay除了自費外，也有人以打工換宿、志工換取農場等免費食宿「WWOOF[2]」等的型態。不過觀光免簽去當WWOOFer（ウーファー）迭有爭議，也有人被拒絕入境。如果是打工度假簽就沒問題，因為觀光免簽不可打工換宿或賺錢，曾有發生當黑工被業主剝削的例子。換言之，以留學、工作或打工渡假簽證，去就學或打工才有保障。

三、打工度假簽證（ワーキング・ホリデー）[3]

針對十八歲以上，三十歲以下青少年，限定一次，給予一年簽證。可以打工換取度假旅費。名額原五千人，二〇一九年增為一萬人。

四、留學簽證（留学ビザ）

對象是十八歲以上，日語學校、大學等學校學生與交換學生，可停留三個月到最長四年三個月，須提供有能力留學的財力證明，可以有條件的打工。

提醒：一、三、四項簽證需要事先申請，台灣窗口為日台交流協會。

《Long Stay入境通關攻略》

旅日目的	觀光免簽證	期間	入境審查	行李通關
單純居遊	OK	90天，逾期須回台再入境	準備旅遊計畫機票等資料備查	勿攜帶違禁品[4]
日語技藝等學習	有風險疑義[4]	同右，最好勿超過半年	同右，準備遊為主學為輔的計畫	同右

一、入境審查部分

1.首度Long Stay，期望留學不成變遊學時，想用「觀光免簽證」來來回回住一年，這樣的如意算盤看似可行，其實是有風險的。雖然日語學校也建議，可用免簽證進出，期滿出境再入境，但語言學校進修屬於「就學、留學」，不在免簽證範圍，雖然可行但無人可掛保證。如果是留學簽證（留学ビザ，期限三個月～四年三個月）就沒問題。

2.當時上網做了不少功課，發現入境被質疑或拒絕的例子不少。其中被懷疑去工作的較多、或被疑從事色情業年輕女子，也有子女在日念書工作的媽媽，常去當「台傭」或照顧孫女，次數頻繁，被拒絕入境的例子。

我赴日後，擔心再入境的問題，曾到「大阪入国管理局京都出張所（派出所）」詢問，因語言不通未果，爾後在大阪的女兒請假，陪同去「大阪入国管理局」商談，官員說明：「雖沒有明文規定，**但原則上觀光免簽一年內停留不能超過半年**，或者誠實地說明、證明個人的需要，再入境應該沒有問題。」

以觀光免簽遊學的問題與準備

3.自助旅行或Long Stay需求者，除詳實填寫入境卡外，最好另準備住宿、旅遊計畫、旅費、機票等更多足以佐證的資料。如果去遊學學習日語或其他技藝等，也是以遊為主、學為輔來準備資料。

如我首度Long Stay，日本出境後再度入境時，除了上述基本資料外，還有上課中的日語班報名繳費證明、一些用過的交通周遊券與一日券等。又寫了一張「再入国願書（期望）」，大意是來日本的計畫與期待，請女兒翻譯成日文備用，結果入境審查官員未置一詞，備而無用。但是第二度Long Stay去札幌入境就碰到麻煩，這些準備的資料就派上用場了。（請見197頁〈機場入境大盤問、大搜身〉）

4.在網頁看到不少人建議，預定停留日期不要填太久，以免入境時被質疑囉唆，個人覺得不妥。如果實際出境日期差距不大，可能沒關係。若填一週、兩週，實際變成一個月、兩個月、三個月，出境時可能被註記，留下不誠實的記錄，可能成為下次入境被拒的原因。

5.根據日本法務省入國管理局統計，被拒絕入境外國人數（上陸拒否数），二〇〇七年台灣有九二八人。二〇一九年仍有二〇九人（疫情前）。被拒入境國前三名為中國（三七六五人）、泰國、土耳其。其中九成是「入境目的有疑義」的案例。

二、**行李通關部分**

1.詳加了解相關規定，勿攜帶毒品肉品等違禁品。避免配戴值錢金飾，以免被攔查扣稅。行李分類分袋打包，碰到開箱查驗時，不會糾纏不清，笑果連連。

2.行李搜檢問題，歸納許多網民經驗，機率較高者如下：有不良紀錄者、一個人通關時、出海關人不多時（官員較閒。人多時會塞車）、女性海關員較認真。

以上問題，也可參考外交部網頁「日本簽證及入境須知」與日本海關（税関）「攜帶品・後送物品申報單」說明[4]。

注1：特別簽證Long Stay／日外務省網頁日文說明　就労や長期滞在を目的とする場合／特定ビザ：特定活動（観光・保養を目的とするロングステイ）
https://www.mofa.go.jp/mofaj/ca/fna/page22_002161.html

注2：**WWOOF JAPAN 提供全日本約四百多處志工食宿場所，一年會費一千五百日圓起。**
https://www.wwoofjapan.com/home/index.php

注3：日本打工度假簽證相關規定　https://www.koryu.or.jp/tw/visa/taipei/working/

注4：日本簽證及入境須知　https://www.boca.gov.tw/sp-foof-countrycp-01-32-cb309-02-1.html
日本入境違禁品，請參閱中文版海關「携帶品・別送品申告書 」
https://www.customs.go.jp/kaisei/youshiki/form_C/C5360-E.pdf

遊學：日本公益性日語學習資源與城市

志工日語教室爲在日老外開辦，中長期居遊者也可以參加，是可貴的遊學資源。

日本收費低廉或免費的公益性日語教室，是可貴的遊學資源。雖然這些課程，是為長居日本的外籍配偶、工作者開辦的，但是一般短中期滯留遊客大多也可參加。有的還分大人、學生、兒童班或親子班，與托兒服務。**但是部分城市有可能教室較小或限制對象，為避免向隅，遊學前先聯絡確認比較保險。畢竟是以外配、工作者優先的。**

公益性日語教室，大概有隨到隨上、二三個月一期等兩種課程，全年開課，但配合日本暑假與盂蘭盆節連休，八月多數會停課。隨到隨上的課，免費或銅板價。分期課程收費，以京都府國際中心日語教室為例，兩個月二十堂課六千日圓（一周兩堂）。如果是日語學校短期課程，三個月六十堂（一周五堂），學費則需二十萬日圓左右。

當然，兩者型態與對象不同，要看個人需求而定。以升學考試為目的者，日語學校比較專業，再搭配公益性日語教室，相輔相成是個好選擇。日本學費貴，經濟不充裕者，若有相當日語基礎再去上日語學校，可減輕許多負擔。

京都豐富但夏天不宜　札幌舒適避暑「上好」

以下是我去過的京都與札幌兩地上課地點簡介，以及日本全國志工日語教室、遊學資源豐富的城鎮相關資訊。

個人感覺，東京、大阪等大都市學習資源比較分散，京都、札幌等相對方便集中。尤其是京都最讚，同一個會館，日夜都有課；札幌也很讚，一周四天都免費。

京都歷史文化氣息豐富，但夏天酷熱，春秋比較適宜；森林之都札幌夏日舒適涼爽，生活氛圍不同於京都。

日語學習／京都札幌篇

京都志工日語課推薦

・**京都市國際交流協會（京都市国際交流協会）日語講座**

https://www.kcif.or.jp/web/jp/classes/

地點：地鐵東西線蹴上站旁，近南禪寺與哲學之道。這裡大概是日本最好的志工日語教室，設備環境好、課程老師多。還有茶道、文化講座課程。

1.志工日本語教室（ボランティア日本語クラス）：周一休館外，每天日夜都有課，我去遊學時，每堂五十日圓，二〇一六年調整為一百日圓，二〇二三年再調為二百日圓。在一樓櫃台購券三樓上課，隨時可報名參加，老師會根據學生程度分組上課。

2.簡易日語講座Ⅰ、Ⅱ（やさしい日本語）：依程度分兩班，原七千日圓，二〇二三年調為一萬二千日圓，三個月十二堂。

3.線上日語課（オンライン日本語）：一堂四十分鐘，五百日圓（疫情後新增的課程）。

・**京都府國際中心（京都府国際センター）日本語教室**

地點：原在京都車站九樓，已搬到地鐵九条站附近。正式老師授課，疫情後目前只有線上教學。

1.基礎日語課程Ⅰ、Ⅱ（基礎クラス）：六千日圓，二十堂（週一、週四上課）。

2.日語會話課程Ⅰ、Ⅱ（会話クラス）：四千日圓，十堂（週六上課）。

簡易日語與基礎日語，都是初級日文，分為兩級，一級從五十音開始學起。建議五十音先自學有個基礎，比較容易入門跟上進度。

·京都兩個日語班比較

上述兩個政府相關的公益性日語班，京都市的豐富性勝過京都府。

京都市：地鐵蹴上站附近，南禪寺與哲學之道旁。環境與空間好，課程選擇性多，志工老師日語班讚，又有圖書館，要遊要學隨你。有餐廳與咖啡簡餐，但離超商超市較遠。

京都府：地鐵九条站附近，東寺周邊。在京都府民交流中心內（京都テルサ東館3樓），環境與空間應該比位於京都車站九樓時好，不過餐飲消費沒以前那麼方便，但也有餐廳與咖啡簡餐。課程只有基礎日語與會話班，學費低廉堂數又多，如果恢復教室上課，想修初級日文者，是不錯的選擇。

·京都府各地日本語教室 https://www.kpic.or.jp/nihongo/kyoshitsumap.html

札幌志工日語課推薦

·日語志工教室「窗」（日本語ボランティア窓）

https://mado-sapporo.wixsite.com/mado

地點：「窗」，地鐵東豐線學園前站旁，札幌留學生交流中心（札幌留学生交流センター）二樓，免費。每周二、四、六下午上課，隨時可報名參加，一對一上課（學生多時可能一對二）。

另外，每周三下午「大家說日語（レッツトーク）」，地點在地鐵大通站附近，時計台對面ＭＮ大廈三樓的札幌國際廣場（札幌国際プラザ），免費。也是由「窗」的志工老師負責，上課是以座談聊天的方式進行。（以上課程因疫情停課，疫後周六已復課，其他請見官網）

「窗」的課雖然沒有京都多，但是老師配合學生的程度與需求，一對一上課，而且無料（免費），更是佛心！兩次札幌遊學都選擇夏天，順便避暑納涼，這也是京都沒有的福利。當然要提早訂房安排，因為夏天是北海道旺季，住宿熱門也較貴。札幌還有其他志工日語班如下：

J.WORKS：每周六下午上課，免費。地點同「大家說日語」，ＭＮ大廈六樓。

・**札幌圏の日本語ボランティア（志工）教室一覽** https://www.sapporolife.info/article/?id=13

日語學習／全國篇

日本其他公益性日語學習情報

・**日本全國志工日本語教室／全国のボランティア日本語教室** http://u-biq.org/volunteermap.html

・**日本各地國際交流協會**

志工日語教室大部分設在國際交流會館，可以連結搜尋。

http://www.clair.or.jp/j/multiculture/association/rliea_list.html

・**其他城市志工日語教室**

如果上面網頁資訊不足所需時，可在網頁加上「地名」搜尋，因為日本各地幾乎都有公益性日

語教室。關鍵字是地名＋「ボランティア（志工）」＋「日本語教室」等。

【東京地區】

東京太大了，還有衛星城市。２３個區等於２３個城市，每個區的志工教室又多分散，堂數也不多，費用也不同，學習資源分散。所以除非跨區，每周能上課的時數有限，而跨區交通也待考量。

・東京志工日語教室／東京日本語ボランティア教室　http://www.tnvn.jp/guide/　下面再提供兩個網頁參考。第一個免費，較有吸引力：

1. 新宿日本語ネットワーク（SNN）／免費、一周四堂　http://www.foreign.city.shinjuku.lg.jp/jp/manabu/manabu_3/
2. 新宿區日本語教室（SJC）
http://www.foreign.city.shinjuku.lg.jp/jp/manabu/manabu_1/

【大阪地區】

原來大阪國際交流中心的外國人ふれあいサロン（日語沙龍）二〇二三年三月底停辦，改為分區的日語識字班，北區與阿倍野區一周有三堂課。

・大阪市識字・日本語教室

https://www.city.osaka.lg.jp/kyoiku/cmsfiles/contents/0000467/467220/1nihongo.pdf

https://www.city.osaka.lg.jp/kyoiku/page/0000467220.html

【長野市】

長野縣外國住民多，學習資源豐富，長野市國際交流コーナー（所）免費日語班，分初、中、高級課程，除周三休館外，每周五天有課。疫情後有線上教學，但只限當地外國人。

https://kokusai.sakura.ne.jp/study

其他資訊另請見「長野遊學Long Stay」

https://www.facebook.com/search/top?q=%E9%95%B7%E9%87%8Elong%20stay

【福岡市】

讀友Amy Hsiao看了本書後遊學日本，在她部落格「豌豆老公主與歪嘴雞の小資退休生活」，整理分享許多熟齡遊學的資訊，福岡部分是她的經驗談。

1. 日本遊學資訊分享平價課程讓半百小資大膽追夢　bit.ly/3OREiy4

2. 福岡遊學平價日語課程與注意事項分享　bit.ly/3qnKnsw

日本遊學資源豐富城市

除了我推薦的京都、札幌之外，同一個教室一周有三堂課以上的城市，還有下列各地，可做為遊學研習日語的選擇：

1. 北海道：札幌、函館、上川郡東川町（首先以廢校小學設立日語學校的鄉鎮）。

2. 東北：宮城縣仙台，山形縣山形、鶴岡。

3. 關東：茨城縣水戶，栃木縣宇都宮、小山，群馬縣前橋、高崎、太田，埼玉縣川越、富士見，千葉縣千葉、浦安、成田，東京都新宿區，神奈川縣横浜、川崎、相模原、横須賀、平塚、鎌倉，山梨縣富士吉田，長野縣長野、松本。

4. 東海北陸：石川縣金沢，岐阜縣岐阜，靜岡縣靜岡、濱松，愛知縣名古屋、豐田、豐橋，三重縣四日市。

5. 近畿關西：滋賀大津、草津、彥根、八日市，京都府京都、城陽。大阪府大阪、守口、枚方、大東、八尾、富田林，兵庫縣神戶、西宮、芦屋、寶塚、三田、明石、三木、姬路、豊岡、丹波篠山。

6. 中國四國：島根縣松江，岡山縣岡山、倉敷，廣島縣廣島、東廣島，德島縣德島，香川縣高松，愛媛縣松山，高知縣高知。

7. 九州沖繩：福岡縣福岡，長崎縣長崎，熊本縣熊本，大分縣別府，宮崎縣宮崎，鹿兒島縣鹿兒島。

日本適合Long Stay城鎮

北海道城市、橫濱、京都、沖繩、東京、福岡最有人氣，神戶、鎌倉、名古屋、金澤、松山也受矚目。

去日本Long Stay，除了個人最愛與遊學目的城鎮外，也可參考日本人想去玩、想居住的縣市城鎮等調查結果，選擇喜愛的地點。以北海道城市、橫濱、京都、沖繩、東京、福岡等地最有人氣；其他還有神戶、鎌倉、名古屋、松山也受注目。下面資訊提供參考：

日本都道府縣魅力排行榜（都道府県魅力度ランキング）

1.北海道、2.京都府、3.沖繩縣、4.東京都、5.大阪府、6.神奈川縣、7.福岡縣、8.奈良縣、9.長崎縣、10.石川縣。

北海道已連續十四年第一名；想去觀光與想去居住的意願，北海道都是名列前茅，可見其絕對王者的魅力。第十一～十五名是兵庫、長野、千葉、靜岡、宮城縣。

https://diamond.jp/articles/-/310887

日本市區鄉鎮魅力排行榜（市区町村魅力度ランキング）

1.札幌市、2.京都市、3.函館市、4.横浜市、5.小樽市、6.神戸市、7.鎌倉市、8.金沢市、9.那覇市、10.石垣市。

京都、函館、札幌等多年來一直輪流奪魁。第十一～十五名是富良野市、輕井沢町、熱海市、仙台市、日光市。其中札幌、函館、小樽、富良野都在北海道。

（以上根據ブランド総合研究所二〇二二年發表的第十七次調查結果）。

https://news.tiiki.jp/articles/4783

日本想繼續居住都道府縣排行榜（都道府県定住意欲度ランキング）

1.北海道、2.福岡縣、3.沖繩縣、4.熊本縣、5.宮城縣、6.廣島縣、7.靜岡縣、8.兵庫縣、9.群馬縣、10.石川縣。

北海道連兩年奪魁。十一～十五名是長野縣、香川縣、京都府、愛媛縣、大阪府。

https://news.tiiki.jp/articles/4712（ブランド総合研究所／二〇二一年）

日本最想居住城市排行榜（全国住みたい街ランキング）

1.横浜市、2.札幌市、3.福岡市、4.名古屋市、5.東京都世田谷區、6.大阪市、7.東京都港區、8.京都市、9.神戸市、10.さいたま市（埼玉市）。

橫濱市已連續十年第一名。十一～十五名是兵庫西宮市、沖繩那霸市、東京文京區、神奈川鎌倉市、東京目黑區。 https://www.seikatsu-guide.com/rank_sumitaimachi/ （生活ガイド.com／二〇二二年）

十個Long Stay推薦地點（長期滞在旅行におすすめの場所TOP10）

1.釧路（北海道）、2.小笠原（東京）、3.石垣島（沖繩縣）、4.奄美大島（鹿兒島縣）、5.乳頭溫泉（秋田縣）、6.靜內（北海道）、7.祖谷（德島縣）、8.宮古島（沖繩縣）、9.輕井沢（長野縣）、10.京都（京都府）。其中有不少是鄉間離島。 https://rtrp.jp/articles/103397/

銀髮族還想再去旅行的地方（シニア世代「また行きたい旅行先」）

1.北海道、2.京都、3東北、4.箱根、5.關東（東京、橫濱以外）、6.金沢、7.沖繩（本島）、8.伊豆、9.東京、10.飛驒高山、11.四國、12.伊勢神宮、13.熱海、14.横浜、15.大阪。

https://www.travelvoice.jp/20150220-35554/print

工作與休假兼得・推薦十個樂活地點（仕事も旅も楽しみたい国内のおすすめワーケーション先10選）

ワーケーション（workation）是日本在新冠疫情後的新詞彙，work（ワーク）＋vacation（バケーション）意思為半工半遊的辦公度假，希望幫助旅遊業注入活水。訂房網站Hotels.com推薦下面十個樂活城鎮：

1.神奈川縣鎌倉市、2.靜岡縣伊豆市、3.千葉縣銚子市（關東平原最東端漁港城市）、4.長野縣輕井沢町、5.三重縣志摩市（日本特殊海岸地形區域，海女的故鄉）、6.和歌山縣白浜町（日本三大古溫泉之一）、7.北海道俱知安町（滑雪與度假勝地）、8.北海道富良野市、9.大分縣別府市（日本最大溫泉鄉）、10.沖繩縣

https://jp.hotels.com/go/japan/domestic-workation-destinations-japan

日本適合悠遊之處，當然不只上述景點。個人覺得還有下列城鄉也不錯，推薦！

1.北海道：釧路、帶廣、旭川（富良野美瑛）、2.東北：青森（十和田湖、奧入瀨溪流）、3.關東：橫濱、輕井澤、日光、長野、4.關西：大津（琵琶湖周邊）、5.九州：熊本、別府、6.沖繩縣。

京都Long Stay住宿、交通

京都氣候

京都市和台北一樣位於盆地，冬天寒冷偶雪，夏天悶熱，但濕度比台北略低，高溫可達三十五至三十九度，六月中到七月中梅雨季。最舒適的季節是春秋兩季，約三～六月、九～十一月，此時與新年春節期間，遊客最多。三月下旬春櫻、十一月中旬秋楓，更是人潮蜂擁。想在最美的季節居遊，要提早規畫下手。

・**京都市觀光協會**　https://kyoto.travel/tw/

京都住宿

除了參考２１７頁〈如何為Long Stay找個家〉之外，如想住在京都市中心，可選擇上京、中京、下京區與部分右京、北區、東山區，大概在地鐵東西線太秦天神川與蹴上站、南北線北山與九条站之間，臨近地鐵站的住處。京都相關訂房資訊如下：

一、**平價背包客棧、民宿旅館**

住宿是Long Stay的大開銷，對小資族來說能省則省，所以便宜的背包客棧（ゲストハウスGuest House）、民

宿、青年旅館、日式旅館的團體房（相部屋）、雅房（個室），頗受歡迎；特別是有廚房可供烹調、提供單車的旅舍，這些平價旅宿有不少是傳統京町家老宅修建的。

租金：團體房一床約二千～三千日圓起，雅房一房約三千日圓起，還要看淡旺季而定。月租會有優惠。

優點：有公共空間，可和主人或房客交流練習日英語，比獨居有人氣。

缺點：共用衛浴、個人空間小，長住隱私性差。團體房也有安寧、安全等室友相處不確定的問題，要碰運氣。

可從樂天或BOOKING等訂房系統訂房。其他類似旅宿以「京都ゲストハウス、安宿、格安」等關鍵字搜尋。

- **樂天訂房十大人氣安宿背包客棧**

部分因新冠疫變休業，如下排名第一的TOMATO也停業中，以前官網揭示月租床位兩萬兩千日圓起、雅房四萬九千日圓起。

https://travel.rakuten.co.jp/mytrip/ranking/guesthouse-kyoto

- **京都雅房背包客棧／京都の個室ゲストハウス**

https://kyotripper.com/kyoto/private_room

- **10家經濟舒適町家旅宿**

https://www.travelbook.co.jp/t-252/topic-1657/

- **苔香居共享公寓／苔香居コリビング**

月租六萬四千日圓住辦宅雅房，訴求在京風情氛圍中度假工作，或Long Stay遊學。是一家特色旅宿，翻修四百年老屋，結合近鄰現代化公寓，提供古今交錯的上班居住環境。位於嵐山，如果想去上志工日語班，則交通距離遠。

https://www.facebook.com/permalink.php?story_fbid=pfbid02jVNjYmmUpwrrjoUnfQYhrFDWtALB5g1HtVkP7sUZU2aNkihNLRw2VuySu4H8YygAl&id=100063633095262

二、房租算法簡單的周月租公寓

含水電瓦斯、網路等費用，有的還提供單車。

・京都IVY公寓（Kyoto Ivy: Daily Apartment）

https://ivy.free-d.jp/index.php/ja-jp/

由非營利組織法人經營，原有一条、五条、西陣、伏見四棟套房公寓，現在增為五家，以及兩家獨棟公寓（詳見官網），也有多家租金不含水電的公寓。此系列可考慮做為Long Stay入門住宿。Booking等訂房系統也可預約，有時比官網優惠。

其中的一条IVY，地鐵今出川站徒步十幾分鐘，我曾在此住過一星期。五条IVY，地鐵五条站徒步十分鐘。這兩家，騎單車去京都國際交流會館或者京都府國際中心上日語課（蹴上與九条站），都還算方便。西陣、北野、伏見就遠了一點，但伏見IVY去九条站不遠。三条TRAD離京都國際交流會館最近，走路就可到。

租金：一日三千六日圓、一晚（二日）一人約七千二日圓起，六晚起打九折，月租七五折，約八萬日圓起（兩人合租較省，約十一萬日圓起），還要外加10%消費稅，月租比以前上漲約一、兩萬日圓。

優點：家電廚房Wifi設備齊全，部分提供單車。可用中英文連絡，而且連租約都有中文。

缺點：無電梯，離地鐵站稍遠。伏見IVY近電車站，但伏見離市中心較遠。

・京都アパートメント（KYOTO APARTMENT）

http://www.kyoto-apartment.com/jp/

套房與雅房，租期一個月起，含家電廚房設備，大多無電梯、單車。月租一人雅房三萬五、套房五萬起，兩人加一萬日圓，保證金三萬，退租還兩萬。約有二十多個物件，在市中心的有京都アパートメント1、4-I、4-II、6、15、17、24……

・京都シェアハウス／J-Stay（京都Share House／J-Stay）

https://j-stay.jp/index.php?l=jp

套房與雅房，租期一個月起，含家電廚房設備，大多無電梯、單車。月租一人團體房約三萬五千、雅房四萬二千、套房七萬二千日圓起。保證金三萬，退租還兩萬九。物件約有三十家，在市中心的有タイニーハウス（近京阪電車清水七条站），烏丸五条アパートメント（近地鐵五條站），四条烏丸アパートメント（近地鐵四条站）、NICK'S GUESTHOUSE（近京都站）、九条烏丸ハウス、リコリスハウス、フジバカマハウス（近地鐵九条站）等。

三、房租算法複雜的周月租公寓

水電瓦斯費、清潔費、網路、保證金等另計，或需初期費用。有時會有促銷，包含所有費用。

・マンスリー京都（Monthly Kyoto）

https://www.monthly-kyoto.com/

約有百間套房與町家出租，租期七天起，外國遊客要登記日本緊急聯絡人。

・LIFULL HOME'S／京都

月租或周租，有含水電管理費等的，也有WiFi另租的，每個物件不同。

https://monthly.homes.jp/kyoto/kyoto/list

四、房間附有廚房的飯店

近年來公寓式飯店日增，Long Stay住宿選擇更多，可由日本雅虎、樂天、Booking等訂房系統預約，有時比官網優惠。網頁搜尋關鍵字「附有廚房的飯店（キッチン付きホテル）」。下面是相關資訊。

・シタディーン京都烏丸五条（Citadines Karasuma-Gojo Kyoto）

https://www.citadines.com/ja/japan/kyoto/citadines-karasuma-gojo-kyoto.html

新飯店，全部房間附設廚房，雙人房約一萬日圓起，淡旺季收費不同，長租有折扣。位於河原町鬧區周邊（地鐵五条站徒步一分），生活機能不錯。

・京都10家附廚房飯店（京都のキッチン付きホテル）

https://www.travel.co.jp/guide/matome/3542/

・Booking、樂天訂房網

從京都附廚房（キッチン付き）飯店、民宿中尋找。

https://www.booking.com/self-catering/city/jp/kyoto.ja.html

https://travel.rakuten.co.jp/

・月租飯店訂房網、楽天Vacation-Stay／京都

月租訂房網選擇京都，未選日期顯示１４天最低房價，不一定有廚房。

https://monthlyhotel.jp/

・楽天Vacation-Stay有各類住宿，可選擇廚房（キッチン）。

https://vacation-stay.jp/

以上資訊之外，本書初版時曾介紹住過推薦的周租公寓「ロイヤル河原町五条」、老飯店改裝附設簡易廚房的「ザ・パレスサイドホテル」，目前都已停業。

【京都交通】

※下面介紹的交通票券，多數是針對外國遊客的優惠，須在國外或日本出示護照簽證才能購買，部分在海外購買更優惠

・大阪關西國際機場→京都市

從大阪關西國際機場（関西国際空港）到京都，會先經過大阪。機場到大阪有ＪＲ西日本與南海電鐵二條電車路線，以及關西機場巴士。ＪＲ電車與機場巴士有直達京都的路線。南海電車只到大阪市，需再換搭大阪市地鐵與京阪電車、阪急電車、ＪＲ電車等三線電車，前往京都。

・機場→京都交通方式

交通	路線	時間	票價	備註
1.電車JR 関空特急はるか	直達京都駅	80分鐘	自由席3110日圓 折扣券1800日圓	最快速
2.電車南海+地鐵+阪急	関西空港→天下茶屋→天神橋筋六丁目→京都河原町	120分鐘	票價1630日圓 套票1250日圓	最低價 轉2次車
3.電車南海+地鐵+京阪	関西空港→天下茶屋→北浜→出町柳	120分鐘	1660日圓	轉2次車
4.機場巴士	直達京都後站	100分鐘	2800日圓	最高價

一、關西國際機場→京都車站

※適合住宿京都車站週邊，或在京都車站換車方便者

・關西機場特快車遙號（JR関空特急はるか）

https://www.westjr.co.jp/global/tc/ticket/icoca-haruka/

直達京都車站，約八十分鐘，自由席票價三一一〇日圓，建議購買三八〇〇日圓「ICOCA & HARUKA」套票比較划算，包括ICOCA卡一張（類似台灣悠遊卡的IC卡，含一千五日圓+五百

日圓押金）、HARUKA指定席折扣券一張，票價只要一八〇〇日圓。如果已經有ICOCA卡的人，可單獨購買HARUKA折扣券。

不買ICOCA卡的人，也可買ＪＲ關西地區鐵路周遊券搭乘HARUKA，一日券將於二〇二三年十月調漲至二八〇〇日圓，可到達京都或其他更遠的城鎮，並附贈京都地鐵、京阪電車和阪急電鐵共通的一日券，適合到達京都後還有時間趴趴走、或者住宿京都車站以外區域的人轉車使用。

https://www.westjr.co.jp/global/tc/ticket/pass/kansai/

・關西機場巴士

http://www.kate.co.jp/timetable/detail/KY

直達京都車站八条口（後站），約一百分鐘，票價二八〇〇日圓。京都線部分可達京都車站以外地區。

二、關西國際機場→京都河原町

※適合住宿市中心四条河原町周邊，或阪急電車路線車站者

https://www.nankai.co.jp/traffic/otoku/kyoto_access.html

搭乘南海電鐵、大阪地鐵、阪急電鐵三線電車，從機場到京都，要換兩次車，約需一二〇分鐘，原票價一六三〇日圓（南海電鐵九三〇、大阪市地鐵二九〇、阪急電鐵四一〇）。購買關空京都交通套票（京都アクセスきっぷ），只要一二五〇日圓。這個套票原有發售限期，但目前沒有，阪急電鐵發售的反向京都往機場的交通套票（関空アクセスきっぷ），票價相

同，則有發售期限，應會每年持續發售。路線為關西機場（南海電車）→天下茶屋（轉大阪市地鐵）→天神橋筋六丁目（轉阪急電鐵）→京都河原町。

三、關西國際機場→京都祇園四条、出町柳

※適合住宿四条河原町周邊，或京阪電車路線車站者

搭乘南海電鐵、大阪地鐵、京阪電鐵三線電車，機場到京都，要換兩次車，約需一二〇分鐘，票價祇園四条一六〇〇、出町柳一六六〇日圓（南海電鐵九三〇、大阪市地鐵二四〇、京阪電車四三〇或四九〇）。路線為關西機場（南海電車）→天下茶屋（轉大阪市地鐵）→北浜（轉京阪電車）→祇園四条→出町柳。

・京都市交通

※日本交通費貴，善用一日券

地鐵：京都市有烏丸線（即南北線）與東西線等兩線地下鐵。

公車：有市營巴士（市バス）、京都巴士、京阪巴士等。

京都公車與地鐵基本票價為二三〇、二一〇日圓，嵐山電鐵二五〇日圓，若一天搭三四次以上公車或電車時，購買一日券較划算。

・常用的交通票券、一日券

電子票卡：ＪＲ西日本ICOCA，ＪＲ東日本SUICA（西瓜卡）、PASMO等卡，類似台灣的悠遊卡，在京都等關西地區也都適用。

地下鐵一日券（地下鉄一日券）：八百日圓（原六百，二〇二一年調漲）。

巴士一日券（バス一日券）：七百日圓，包含市巴士、京都巴士、ＪＲ巴士部分路線。使用範圍比下列票券小。二〇二三年九月將停售，二〇二四年三月廢止。

地鐵・巴士一日券（地下鉄・バス一日券）：一千一百日圓（原九百日圓，並取消二日券）。包含市巴士與地下鐵全線、京都巴士與京阪巴士部分路線。此券適合前往市郊的高雄、大原或貴船時運用。

上面的票券，在地鐵站都有出售，部分票券在巴士與旅館也有出售。

還有其他一日券請見下列網頁：

京都交通局優惠票券（お得な乗車券） https://www.city.kyoto.lg.jp/kotsu/page/0000019521.html

嵐電一日券（嵐電1日フリーきっぷ）：七百日圓，含嵐山本線、北野線路面電車，地下鐵+嵐電一日券則為一二〇〇日圓。 https://www.keifuku.co.jp/cms/randen_ticket/

四、關西地區常用的周遊券

・ＪＲ關西地區鐵路周遊券／Kansai Area Pass

https://www.westjr.co.jp/global/tc/ticket/pass/kansai/

ＪＲ西日本鐵路有多種周遊券，範圍從關西、四國、北陸，到九州、名古屋、東京，看個人行程規畫需要應用，最小範圍與低價的是關西地區鐵路周遊券，一日券將於二〇二三年十月調漲至二八〇〇日圓，還有二到四日券，可搭關西機場特快車Haruka號。此券原來只能搭ＪＲ電車，二〇一九年十月起，也可搭乘京都地鐵、阪急與京阪電車部分路線，但沒有下面介紹的票券範圍廣。不過何者較划算，就看行程規畫了。

其他ＪＲ西日本鐵路周遊券，參考此網頁：https://www.westjr.co.jp/global/tc/ticket/pass/

・關西周遊卡／KANSAI THRU PASS

https://www.surutto.com/tickets/kansai_thru_hantaiji.html

除ＪＲ電車不能搭外，可搭乘關西地區大阪、京都、奈良、神戶、滋賀、和歌山等大部分電車、地鐵、巴士，以及部分纜車，二日券四三八〇、三日券五四〇〇日圓起，而且不須連日使用，期限為每年四月一日～第二年五月底。如果做好行程規畫，是Long Stay超划算的票券。原限制旅日觀光客等使用，現放寬為陪同出遊的在日親友與導遊。

・阪急全線乘車券／HANKYU TOURIST PASS

https://www.hankyu.co.jp/global/zh-tw/tickets/information/index.html#ticket01

阪急電鐵近年針對外國遊客發售的，一日券七百、二日券一二〇〇日圓，京都河源町↔大阪梅田來回一趟就要八二〇、神戶三宮來回一二八〇日圓，確實超值，可做為縮小版的關西周遊卡運用。

此外，關西的各家電車、地鐵公司還有各種周遊券套票，可視行程安排運用。請參考京阪電氣鐵道、阪急電鐵、近畿日本鐵道、南海電鐵、大阪地下鐵、神戶地鐵等網頁，搜尋關鍵字「優惠票／お得なきっぷ／おトクなチケット」。

札幌Long Stay住宿、交通

札幌氣候

冬天大雪嚴寒，夏天舒適涼爽。深秋十月下旬初雪，十二～二月是雪國，平均低溫零下七度，三月時雪時溶、四月溶雪泥濘。五六月日夜溫差大，早晚寒冷。北國夏日短暫，七八月平均高溫二十六度，九月瞬間秋涼，十月中～十一月初紅葉季。

夏天避暑最受歡迎，冬天賞雪也熱門，想去居遊提早規畫下手。

·**札幌觀光協會**　https://www.sapporo.travel/

札幌住宿

除了參考２１７頁〈如何為Long Stay找個家〉之外，如想住住札幌市中心，可選擇中央區、豐平區西側、北區南側，大概在地鐵東西線白石與圓山公園站、南北線北１８条與平岸站之間，臨近地鐵站的住處。相關訂房資訊如下：（團體床、雅房、套房等優缺點，請參考上一篇〈京都Long Stay住宿、交通〉）

一、平價背包客棧、民宿旅館

・札幌国際ユースホステル／札幌國際青年旅館

http://www.jyh.or.jp/info.php?jyhno=343

國際ＹＨ青旅系列，房間寬敞，公共空間地點都不錯，地鐵東豊線学園前駅出口旁，隔壁的札幌留學生交流中心二樓，就是札幌知名的「窗」日語志工教室，想遊學上日語課很方便。有公共廚房、大澡堂，近超市與大學。團體房一床三千三百、雅房三千八百日圓起。

・THE STAY SAPPORO

http://thestaysapporo.com/

號稱北海道最大的ＹＨ，公共空間不錯，有公共廚房，離すすきの地鐵站較遠。二〇一五年開幕時有單車出租，現在好像沒有。團體房一床二千三百、雅房五千日圓起。

・バックパッカーズ ホステル イノーズプレイス／Backpackers Hostel INO'S PLACE

http://inos-place.com/

地鐵白石站徒步七分鐘。團體房一床三千日圓，淡季優惠一人月租四萬二千日圓。雅房一人五千日圓起。有廚房可供自炊。

・札幌10家平價背包客棧

https://www.booking.com/hostels/city/jp/sapporo.ja.html

二、房租算法簡單的周月租公寓

・ウィークリーさっぽろ&アネックス／WEEKLY SAPPORO &ANNEX

http://weeklysapporo.com/index.html

位於市區すすきの（薄野），地鐵すすきの站、中島公園站徒步七分鐘，有兩棟電梯套房公寓。房間附廚房（本館單人無廚房），一晚約四千一百日圓起（夏天約五千日圓起），月租優惠一人約九萬五千日圓起，兩人約十萬日圓。可由樂天、jalan等多家旅遊訂房系統預約。

優點：餐廚等生活用品齊全，飯店式經營可寄行李。附近有超商超市。夏天旅行時住過幾天，感覺還可以。

缺點：單車出租半天三百日圓以上、一日五百日圓。租金較高，長租也無折扣，如果住宿一個月以上，可考慮自己買中古或新車。（業者稱自備單車可免費停車）另外附近有不少賓館。

・北海道札幌民宿Royal Heights菊水駅

https://www.facebook.com/royalheight203/

台灣房東的電梯公寓套房，地鐵菊水站旁，對面有超市，地點與空間感覺不錯，設備也齊全。一晚七千日圓起，周租九五折、月租八五折，可由Airbnb或連絡房東訂房。

・札幌賃貸仲介無料情報

https://www.sapporocity-chintai.com/list.php?tokusyu=9

這個網頁有房東（大家さん）自己出租的房子，租金會比透過房仲便宜。二〇一〇年，以月租四萬日圓含水電瓦斯承租的套房，還有寢具，就是經由這個網頁找到的。搜尋附家具家電（家具家電付き）物件，有的會註明「短期入居可」，沒註明的也可商量看看。

三、房租算法複雜的周月租公寓

・DK HOUSE札幌

http://www.e-guesthouse.com/sapporo/

訴求國際交流的週租公寓，租期三個月起（可商量），有套房、雅房、團體房，公共廚房與客餐廳。位於市區安靜住宅區，地鐵西十一丁目站徒步十分鐘。雅房四萬五千、套房月租五萬五千日圓起，電費、瓦斯費、寢具租金、手續費、停車費等另計。首次札幌Long Stay曾考慮住這裡，因套房滿租作罷。

・アパマンPLAZA月租公寓

http://www.apaman-plaza.co.jp/ap_chintai_kagu_tanki.shtml

附家具電器的公寓大廈套房，多數有電梯、近地鐵站。不動產公司仲介短期契約，租期三個月起（有些可月租），月租約三萬日圓起，短期租押金（敷金）二萬不退還，其他還有水電瓦斯、管理費等。寢具需自備，代購約一萬日圓。全部費用加起來月租約六七萬圓起。

・札幌ウィークリードットコム月租公寓

有許多較大坪數的套房，家電與寢具齊全，算法複雜，選擇沒有初期費用、包含（コミコミ料金）水電清掃費等的物件。

https://www.sapporoweekly.com/

四、房間附有廚房的飯店

・ホテルサッポロメッツ／Hotel Sapporo Met`s

房間附設簡易廚房，廚房鍋具餐具需另外付費，每晚單雙人房約五千日圓起（比疫情前漲一兩千圓），淡旺季價錢不同。位於北海道大學旁，地鐵北十八条站徒步二分鐘。可由樂天、jalan.net、booking等旅遊訂房網預約。疫情前冬夏旅行多次投宿，商務飯店價位，房間卻大很多。樓下超商，近超市。

・Booking、樂天訂房網、月租飯店訂房網（マンスリーホテル）

可從札幌附廚房（キッチン付き）飯店、民宿中尋寶。月租飯店訂房網則不一定有廚房。

・Booking訂房

https://www.booking.com/self-catering/city/jp/sapporo.ja.html

・樂天訂房

關鍵字：「札幌」＋「キッチン」。 https://travel.rakuten.co.jp/

・札幌附有廚房飯店十四選

有不少高檔新飯店房價也高，長住所費不貲，應不是小資族的菜。

https://www.be2to.com/entry/%E6%9C%AD%E5%B9%8C%E3%81%AE%E6%BB%9E%E5%9C%A8%E5%9E%8B%E3%83%9B%E3%83%86%E3%83%AB

・月租飯店訂房網、楽天Vacation-Stay／札幌

月租飯店選擇札幌，未選日期顯示十四天最低房價，不一定有廚房。

https://monthlyhotel.jp/

・楽天Vacation-Stay選擇札幌，有各類住宿，可選擇廚房（キッチン）。 https://vacation-stay.jp/

札幌交通

・新千歲國際機場→札幌市

http://www.new-chitose-airport.jp/tw/access/

札幌最近的國際機場是新千歲機場（新千歲空港），機場到札幌的公共交通有ＪＲ北海道鐵路電車與機場巴士。

※適合住宿札幌車站周邊，或巴士路線上各站者。

電車 https://www.jrhokkaido.co.jp/airport/

巴士 https://www.new-chitose-airport.jp/tw/access/bus/

交通	時間	票價	備註
ＪＲ電車／機場特快（快速エアポート）	四十分鐘	一一五〇日圓	※最快速適合住宿札幌車站周邊、車站換車方便，或ＪＲ電車路線上者。
機場巴士／北海道中央巴士、北都交通	八十分鐘	一一〇〇日圓	※適合住宿札幌車站周邊，或巴士路線上各站者。

・札幌市交通

地鐵：札幌市有南北、東西、東豐等三線地下鐵。

市電（路面電車）：西４丁目站到すすきの（薄野站）一條路線雙向運行。

公車：有民營巴士ＪＲ北海道（ジェイ・アール北海道バス）、じょうてつ巴士、中央巴士等。但市區使用巴士的機會較少。

札幌地鐵基本票價為二一〇日圓，若一天搭三次以上時，購買一日券較划算。市電路面電車一趟二〇〇日圓，搭兩趟次以上，購買一日券較划算。假日一日券更優惠。

・常用的交通票券、一日券：

電子票卡：ＪＲ北海道的Kitaca卡，還有ＪＲ東日本SUICA（西瓜卡）、西日本ICOCA、PASMO等卡，在札幌都會區也都適用。

地下鐵1日乘車券：八三〇日圓。地下鐵假日1日乘車券（ドニチカキップ）：五二〇日圓，週六、週日、假日與新年（１２月２９日到１月３日）使用。

路面電車1日乘車券：五〇〇日圓。路面電車假日1日乘車券（どサンこパス）：四〇〇日圓，大人一人與兩小孩可在週六、週日、假日與新年（１２月２９日到１月３日）使用，超級優惠的。

ＪＲ**一日周遊乘車券（道央地區）／一日散歩きっぷ（道央圏用）**

二五四〇日圓，週六、週日、假日使用，只能搭普通車、快速車。範圍涵蓋美瑛、富良野、小樽、二世古等地，適合札幌出發長距離的日歸旅行，會規畫的話可巡遊多個景點。

・參考網頁

札幌市交通局「乗車券のご案内／1DAYカード」

https://www.city.sapporo.jp/st/josyaken/card.html#oneday

ＪＲ**一日周遊乘車券（道央地區）**

https://www.jrhokkaido.co.jp/CM/Otoku/006922/

ＪＲ**北海道周遊券**　https://www.jrhokkaido.co.jp/global/chinese/ticket/index.html#ip1

京都春櫻秋楓、新年資訊情報

交通住宿

春櫻秋楓、新年等旺季的自助行機票、熱門或經濟實惠的旅館，約需提前四至六個月預約，以免向隅。京都旅館客滿或覺得貴時，住大阪是另一選擇，但考量往返時間與費用，能住在京都市區最佳。

賞櫻

約三月中下旬至四月上中旬，會因氣候、品種、地點不同而異。通常仁和寺御室櫻，以及天氣較冷的京都北邊（洛北的大原）、山上（高雄、比叡山），花期較晚。櫻花種類有上百種，初開潔白、滿開轉成淡紅的染井吉野櫻，是花季的主角。

在「日本櫻名所百選」中，京都有嵐山、醍醐寺、仁和寺御室櫻三處入選。此外，京都賞櫻名勝超過五十處，京都觀光研究所曾推薦下列十處，包括京都御所、蹴上廢鐵道（インクライン）、哲學之道、祇園白川、平野神社（以上不收費）、平安神宮、嵐山嵯峨野小火車（トロッコ列車）、醍醐寺、二条城與仁和寺。

https://blog.kyotokk.com/20100224/2258-55/

京都觀光研究所，另外還推薦十二條可漫步半日一日的賞櫻路線，1.嵐山渡月橋～大沢池，2.嵐山渡月橋～平野神社，3.嵐山渡月橋～大報恩寺，4.法金剛院～仁和寺，5.植物園～上賀茂神社，6.インクライン～哲学の道（半日、一日），7.清水寺～祇園白川，8.祇園白川～インクライン，9.円山公園～平安神宮，10.円山公園～高瀬川，11.二条城～京都御所。

https://blog.kyotokk.com/20130322/1442-21/

其他免費或遊客較少的賞櫻景點，還有鴨川、高瀬川沿岸，鴨川上游的高野川、賀茂川，京都府立植物園附近的半木之道，南禪寺、琵琶湖引水圳的岡崎疏水與山科疎水（後者較為人少幽靜），常照皇寺九重櫻等。

京都附近的奈良公園、大津市坂本比叡山口、八幡市「背割堤」一點四公里長的櫻花河堤等，也是值得一訪的「花見」場所。

京都奈良賞花最愛十大景點

1.祇園白川、2.高瀬川、3.京都御苑、4.蹴上廢鐵道（インクライン）、5.岡崎疏水、6.哲學之道、7.鴨川與上游高野川、賀茂川、8.醍醐寺、9.嵐山、10.奈良公園。

以上則是個人私心喜愛，能悠閒花見之處。不一定是名勝名所，但人潮較少或地域寬廣，有古都或自然氛圍。

賞楓

約十一月上中旬至十二月上旬，因氣候、地點不同而異。通常天氣較冷、日夜溫差大的洛北與山上，如大原、高雄、比叡山等，楓紅較早。紅葉綺麗的條件是：秋天適度的陽光與雨，加上氣溫大降，就會楓情萬種。想去追楓的朋友，就請老天爺幫幫忙。

根據「日本紅葉名所百選」，京都入選的有嵐山、保津峽、大原三處。事實上京都賞楓名勝超過六十處，京都觀光研究所推薦的十處，有真如堂（不收費）、北野天滿宮、源光庵、高桐院、實相院、曼殊院、圓光寺、（以下都在嵐山）直指庵、常寂光寺、宝厳院。楓景綺麗有名的東福寺、永觀堂、清水寺，可能因為人太多了未被列入。另一聲名遠播的高雄神護寺，因為位於洛西山上，人潮不像東福寺、永觀堂那麼誇張。 https://www.kyotokk.com/momiji-ranking.html A

其他免費或遊客較少的「楓景」名所，還有南禪寺、京都御所、哲學之道、大原野神社、法然院，厭離庵、勝持寺、妙覺寺及三千院等。我個人比較喜歡京都御所、東福寺、永觀堂、南禪寺、嵐山、常寂光寺、北野天滿宮、高雄神護寺，還有大津市坂本比叡山口等銀杏楓情秋色。

賞櫻賞楓網路情報

推薦網頁與搜尋關鍵字：「桜前線」、「紅葉狩」、「桜／紅葉名所」、「日本さくら（櫻）／紅葉名所１００選」等。

・**京都觀光研究所** https://blog.kyotokk.com/ B

A

B

・**京都新聞／京都・滋賀奈良大阪の桜情報**　https://p.kyoto-np.jp/kp/koto/sakura/ A

・**京都新聞／京都・滋賀奈良大阪の紅葉情報**　https://p.kyoto-np.jp/kp/koto/momiji/meisho/index.html B

・**日本氣象協會櫻花、紅葉情報**　https://tenki.jp/sakura/ C　https://tenki.jp/kouyou/ D

・**日本氣象新聞公司櫻花、紅葉情報**　https://weathernews.jp/s/sakura/ E　https://weathernews.jp/s/koyo/ F

※相關內容另請見９１頁「煙雨濛濛、春櫻秋楓話京都」

京都新年資訊情報

新曆年的跨年夜，京都各大寺院神社有敲鐘開春祈福的活動，京都與關西地區的公共交通，也都配合整夜營運，只是班次會減少。推薦網頁與搜尋關鍵字：「京都除夜の鐘」、「京都大晦日（除夕）終夜運行情報」等。

・**除夕敲鐘寺院神社／京都除夜の鐘**

https://www.the-kyoto.jp/calendar/december/kane/ G

http://www.e-kyoto.net/saiji/265 H

・**京都夜景**　https://aumo.jp/articles/22722 I

※相關內容另請見１８７頁〈長安京，過新年〉

京都到札幌交通攻略

JR青春18周遊券搭配遊輪　京都→札幌行程規畫參考（２０１１年７月２１～２３日）

21日	行程
京都→横浜関內	二条7：19→7：26京都 JR嵯峨野線京都行
	7：33→8：29米原 JR琵琶湖線米原行
	8：33→9：07大垣 JR東海道本線大垣行
	9：56→11：26豊橋 JR東海道本線豊橋行
票價二三〇〇日圓（實際搭乘金額七六七〇日圓）	11：41→12：15浜松 JR東海道本線浜松行
	12：31→13：14島田 JR東海道本線興津行
	13：25→15：10熱海 JR東海道本線熱海行
	15：18→16：40横浜 JR東海道本線宇都宮行
	16：43→16：48関內 JR京浜東北線大船行

22日	横浜関内↓仙台中野栄	票價二三〇〇日圓（實際搭乘金額六三〇〇日圓）	
行程	関内7：43↓8：38上野 京浜東北線大宮行	8：52↓10：35宇都宮 JR宇都宮線宇都宮行	10：37↓11：27黒磯 JR宇都宮線黒磯行
	12：34↓13：36郡山 JR東北本線	13：40↓14：26福島 JR東北本線福島行	15：05↓16：26仙台 JR東北本線仙台行
	17：16↓17：34中野栄 JR仙石線石巻行	轉巴士到仙台港160円（宮城交通仙台港線仙台港フェリーターミナル行）	19：40↓隔日11：00苫小牧港 搭太平洋遊輪新いしかり號
23日	11：27↓11：47苫小牧駅 苫小牧港搭道南巴士二五〇日圓	12：14↓13：36札幌 轉搭JR電車一六八〇日圓	

・**青春１８周遊券**

售價一一五〇〇日圓（目前為一二〇五〇日圓，一天二四一〇日圓），一張可使用五次，使用期限內任選五天。 https://www.jreast.co.jp/multi/zh-CHT/pass/seishun18.html

・ＪＲ**青春１８きっぷ（車票）行程規畫** https://www.jorudan.co.jp/

・**太平洋フェリー（Ferry／遊輪）**

太平洋遊輪新いしかり號，票價九千日圓起，淡旺季票價不同。

※網路預約九折，二十八日前早鳥票價對折。 http://www.taiheiyo-ferry.co.jp/index.html

其他交通方式

·搭乘電車或巴士+新日本海遊輪

路線：ＪＲ京都站→東舞鶴→舞鶴港→小樽港→小樽→札幌。

京都到東舞鶴，特急電車約九十分鐘，票價四一七〇日圓；慢車約一百五十分鐘／一八九〇日圓；巴士二小時／二四五〇日圓。舞鶴港到小樽港，新日本海遊輪23：50→翌日20：45，航程約二十小時，票價一一〇〇〇日圓起。

※五十五歲以上一個月前預約有折扣優惠。小樽到札幌，電車約四十分鐘／七五〇日圓。

※二〇一七年六月，完成二〇一二年未竟的舞鶴~小樽航行。此一航線團體艙（ツーリストA／tourist class）是上下鋪，但出入口不同零干擾，淡季又體貼畫位，隔壁床無人，好像住單人房，和別家遊輪大通鋪排蘿蔔的空間相比，私密性勝出。票價九五七〇日圓，超值。缺點是，舞鶴港、小樽港與市區之間缺乏接駁巴士，一人旅半夜搭船不便，要靠計程車，或提前到客運大樓消磨時間，特別是小城東舞鶴。搭船要自備拖鞋，還有毛巾、浴巾。

新日本海フェリ（遊輪） https://www.snf.jp/

·搭乘ＪＲ新幹線+特急列車

路線：京都（新幹線）→東京→新函館轉搭北斗号特急→札幌。行程約十一小時，票價三六九一〇日圓，距離一六七六．九公里。

※建議使用ＪＲ日本鐵路周遊券搭乘，比較划算。七天券普通車廂票價二九六五〇日圓，搭這麼一天就回本了。（二〇二三年十月將漲為五萬日圓）

日本鐵路通票（周遊券）　Japan Rail Pass　https://japanrailpass.net/zh/

．搭乘飛機＋電車或巴士

路線：京都站（巴士或電車）→大阪国際空港（伊丹空港）／関西国際空港（飛機）→新千歳空港（電車）→札幌站。

全程包括候機約需四至五小時。京都站八條口（大阪空港交通巴士）到伊丹機場，五十分鐘／一三四〇日圓。京都站（ＪＲ関空特急はるか）到關西國際機場，八十分鐘／HARUKA折扣券一八〇〇日圓。機票約一～四萬日圓。新千歲機場→札幌，約一小時，巴士一一〇〇、電車一一五〇日圓。全部費用一萬三千～四萬三千日圓。

※機票若利用早鳥優惠或廉價航空，可能較低廉。

四種交通方式比較

每種交通方式，都有其利弊特色，看個人喜好、預算、時間而定。

上述方案中，使用ＪＲ日本鐵路周遊券，搭乘新幹線最經濟實惠；其次是搭乘巴士＋日本海遊輪。最快、最貴的是搭飛機，但如果買到便宜票，又另當別論。

至於運用ＪＲ「青春１８周遊券」票價雖低，但天數長，加上住宿費用並不划算。多天長距離慢車之旅，純為興趣與挑戰，要有時間與玩興才行。青春１８適合一天長距離移動的旅程，或回到原點的周遊，特別是鄉間山區海邊的路線，最宜漫遊。

將上述介紹的四種交通工具製表比較其優缺點，大家可以根據自己的需求、喜好來安排行程！

交通工具	費用	時間	優點	缺點
飛機	1.3萬～4.3萬日圓	4～5小時	最省時間	非搭廉航時費用最高 候機、進出機場耗時
新幹線電車	目前約4300日圓 漲價後7200日圓	11小時	費用最低（使用周遊券時）	車程長，需在東京與新函館北斗站轉車
巴士+日本海遊輪 特急電車+遊輪	約1.5萬日圓 約1.71萬	24小時 23.5小時	海上遊之樂，省1晚住宿費	遊輪航程長，港口接駁不便
青春18+太平洋遊輪	約1.6萬日圓	約3天	同右	行程長，花時間

※相關內容另請見127頁〈縱貫日本：青春18找回青春〉

車中泊、露營、初山別交通規畫攻略

北海道大地遼闊，道路寬敞，人車不多又守法，很適合開車、騎車兜風旅遊。利用公車鐵道也不錯，但缺點是難於深入探索、有些地方班次不多，沒有開車騎車自在逍遙。若一車在手，做好規畫，注意安全，想去哪裡就去哪裡，可以玩得很盡興。

不過我們的行程過於隨興，除第四天之外，每天距離又太遠。建議一天開車不超過一百五十公里，會比較輕鬆。天數長的跨區域旅行，選擇鐵道、公車、觀光巴士或開車、騎車都可以；天數不長的跨區、定點旅行，建議利用ＪＲ電車，或租車的方式，比較經濟與輕鬆。

出遊規畫二三事

以下資訊，也許有助於想要車中泊（睡車上）或露營者參考：

1. 開放露營期間因地而異，北海道約五至十月。最熱門的夏夜，基本上日本本州還算涼爽，但山區與北海道日夜溫差大，要帶睡袋、禦寒衣物。住宿點選擇毗鄰溫泉會館的最佳，可自炊、有餐廳、好泡湯，多重選擇。
2. 部分營區可以在網路預約，宿營前得先考量用餐需求。例如：開伙不開伙？預先去超市、超商採買？營位離廁所、洗手台近，以免晚上不方便。也要注意防蟲蚊。
3. 車輛左行，與台灣相反。入境問俗注意禮儀，勿獨佔公用空間，勿過於喧嘩，晚歸或早離保持安靜，小心火燭與安全，垃圾照規定分類棄置再撤營。

露營場參考網頁

・**日本全國露營場搜尋網頁／キャンプ場検索サイト（なっぷ）** http://www.nap-camp.com/

我們去過的北海道露營場，人氣排名為：クッチャロ湖畔、初山別村みさき台公園、金山湖かなやま湖畔、屈斜路湖砂湯、然別湖北岸等，都是湖光山色或海天一色的好營地。

・**北海道露營場情報** http://lip-hokkaido.com/camp/

・**北海道露營場排行榜** http://hokkaicamp.com/family/best10.htm

道北、道東、道央，車中泊旅行（２０１１年８月）

日期	行程、里程	遊覽景點
24日	札幌→石狩市→初山別みさき台公園露營場 231、232國道／194公里	遊舊花田家番屋、道の駅おびら鰊番屋、羽幌町港、初山別村等
25日	初山別→浜頓別町クッチャロ湖畔露營場。 232、40、238國道／193公里	遊利尻禮文佐呂別國立公園幌延ビジターセンター（遊客中心）、兜沼公園、稚內市、宗谷岬等
26日	浜頓別町クッチャロ湖→屈斜路湖 238、239、240、243國道／303公里	遊千疊岩海濱公園、サロマ湖等
27日	屈斜路湖砂湯→屈斜路湖砂湯露營場	遊摩周湖、裏摩周、硫黃山、多和平牧場展望台、神の子池、九〇〇草原牧場
28日	屈斜路湖砂湯→然別湖北岸露營場 243、241、273、85國道／200公里	遊美幌峠、オンネトー沼、相生鉄道公園等
29日	然別湖北岸→札幌 85、274、38、465、237、274國道／260公里	遊幾寅、金山湖、穗別キャンプ（露營）場等

相關交通觀光資訊

- **北海道駕駛導航（日中英文網頁）** http://northern-road.jp/navi/cht/ [A]
- **北海道公路情報／北海道の道路情報総合案内サイト** http://northern-road.jp/navi/ [B]

道北地區

- **利尻禮文佐呂別國立公園** http://www.env.go.jp/park/rishiri/index.html [C]
- **稚內市、宗谷岬／稚內観光網** https://www.north-hokkaido.com/ [D]
- **浜頓別町クッチャロ湖／浜頓別町観光協会**

  https://kutcharo.or.jp/ [E]

  http://www.town.hamatonbetsu.hokkaido.jp/kanko-kyokai/see/see.html#lake [F]
- **浜頓別溫泉會館（クッチャロ湖）／はまとんべつ温泉ウイング**

  http://www.hotel-wing.jp/index.html [G]
- **稚內→宗谷岬→浜頓別巴士／宗谷バス天北宗谷岬線**

  二〇一七年六月重遊クッチャロ湖，從稚內站→浜頓別搭巴士，一天三班，車程約三小時，票價二二二〇日圓。徒步二十分鐘可到クッチャロ湖溫泉會館。從浜頓別搭巴士→音威子府站，可轉ＪＲ電車往旭川，或者搭巴士→枝幸（轉雄武線）→雄武（轉北紋バス）→遠軽駅（轉ＪＲ電車）→網走駅。

  http://www.soyabus.co.jp/routebus/souyacape [H]

  http://www.soyabus.co.jp/app-wp/wp-content/themes/Souyabus-child/images/routebus/w_tenpoku_r2_12.pdf [I]

道東地區

・釧路、阿寒湖、屈斜路湖、摩周湖／釧路・阿寒湖観光公式サイト、弟子屈町なび

https://ja.kushiro-lakeakan.com/ A

https://www.masyuko.or.jp/ B

・阿寒湖、屈斜路湖巴士，釧路～知床、釧路～道東三湖觀光巴士／阿寒バス

http://www.akanbus.co.jp/ C

・屈斜路原野青年旅舍／屈斜路原野ユースゲストハウス http://www.gogogenya.com/ D

道央地區

・然別湖／鹿追町観光協会 http://www.shikaoi.net/detail/36 E

・然別湖自然中心、然別湖上冰村／然別湖ネイチャーセンター、然別湖コタン

https://www.nature-center.jp/ F https://kotan.jp/ G

・然別湖巴士／北海道拓殖バス https://www.takubus.com/ H

※相關內容另請見１４２，１４９頁〈睡車上，住湖畔：兩個台日歐吉桑，一台車凸半個北海道之一、之二〉

初山別交通住宿攻略

初山別（しょさんべつ），愛奴語意為「瀑布從那裡流出的河」。距離札幌約二百公里，約四小時車程。面積二八〇平方公里、人口一千一百多人，與同為台灣海邊小鎮的恆春相比，面積大兩倍，人口只有恆春的二十分之一。

最大的觀光點即擁有漂亮海岸線的海岬公園（みさき台公園）與しょさんべつ温泉。特產有河豚（ふぐ）、北海道特有種藍莓等，做成河豚照燒丼飯、河豚醬油、酒、果醬、果汁、冰淇淋等販賣。

・**初山別村公所網頁**　http://www.vill.shosanbetsu.lg.jp/

交通建議

・**沿岸巴士（バス）／札幌→留萌→初山別→豊岬（しょさんべつ温泉）**

二〇一七年六月重遊初山別。從札幌站前轉運站（ターミナル）出發，搭札幌→留萌・羽幌豊富線高速巴士（特急はぼろ号，一天四班）。初山別役場前下車，若往岬の湯溫泉飯店在豊岬下車，徒步十五分鐘或請飯店接送。車程約四小時，票價四五六〇日圓。如從留萌或初山別，搭留萌豊富線路線巴士（一天八班），則可直達溫泉飯店。

・**飯店可搭路線巴士→豊富（轉ＪＲ電車）→稚內站**。

http://www.engan-bus.co.jp/01_expressbus/index.html

住宿建議

・**初山別温泉飯店岬の湯**　https://hotelmisakinoyu.wixsite.com/misakinoyu

・**みさき台公園／露營場**

露營車場、小木屋。露營場四月至十月開放。相關資訊見初山別村公所網頁。

※相關內容另請見１５６頁〈小鎮的兩位台灣醫生〉

富良野行程與交通攻略

富良野美瑛觀光情報

富良野、美瑛，因薰衣草花田而一躍為日本、亞洲超人氣觀光勝地，有日本的普羅旺斯之稱。平原丘陵交錯的田園景觀，四季各有不同風情，最繽紛的季節在六至八、九月間，各種花卉農作依序裝扮大地，六月底至七月中、下旬是薰衣草盛開期，十月入冬前的田野寂寥與車輪狀牧草捲，又是一種風貌。

- **富良野觀光協會** https://furanotourism.com/cn/
- **金山湖畔薰衣草園（鹿越園地／ラベンダー園）**
  https://www.town.minamifurano.hokkaido.jp/sightseeing/flowers/

行程路線參考（２０１０年７月）

DAY1	札幌7：55→9：53富良野 轉搭根室本線往釧路普通車	11：07→11：52東鹿越[注]	徒步→金山湖湖畔薰衣草園、森林公園
	搭南富良野町営巴士 森林公園15：02→15：17農協前 （幾寅）	幾寅（根室本線往滝川） 16：59→17：46富良野	富良野（富良野線往旭川） 18：00→18：30美馬牛 おかせん里民宿
DAY2	9：00→12：00 租單車巡遊美瑛之丘 民宿提供三小時300日圓	美馬牛（搭富良野、美瑛Norokko號） 13：18→13：40ラベンダー畑 （薰衣草花田臨時站） 遊覽富田農場	15：44→15：57富良野 搭特急富良野薰衣草特快車 17：36→19：37札幌

相關交通與票券

富良野、美瑛相關票券

1. 札幌—富良野區域鐵路周遊券（Sapporo-Furano Area Pass）

限海外觀光客使用，四日一萬日圓起，區域內任意搭乘，可搭特急列車的自由席，指定席要加價。鐵路中斷後，使用範圍已不含幾寅，想去幾寅，利用下方所列的自由行套票更便宜。

平常札幌→富良野，單程要四五四〇日圓（特急自由席＋普通車，約一百二十分鐘）。

https://www.jrhokkaido.co.jp/global/chinese/ticket/railpass/index.html#furano

2.札幌 — 富良野—美瑛地區電車自由行套票（ふらの— びえいフリーきっぷ）

不限海外觀光客購買，四日七四〇〇日圓（目前比前者便宜，我Long Stay時約五千日圓），札幌與瀧川只限來回一趟，其他區域任意搭乘。通常只在四至十月間發售。可搭特急列車的自由席，指定席要加價。富良野地區，北至旭川，南至幾寅可任意搭乘。

https://www.jrhokkaido.co.jp/CM/Otoku/006845/

ＪＲ**特急富良野薰衣草特快車（特急フラノラベンダーエクスプレス）**

札幌（經瀧川）直達富良野的觀光列車，通常只在六月下旬至八月中每天行駛，八月中至九月底的周六、周日、假日行駛（每年會異動，請見官網）。其他時日無直達車，需在瀧川、旭川等轉普通車。 https://www.jrhokkaido.co.jp/travel/furanobiei/train/index.html

・南富良野町営バス（巴士） https://www.town.minamifurano.hokkaido.jp/kurashi-info/town-bus/

其他觀光交通資訊

租自行車（レンタサイクル）

許多民宿提供單車，免費或付費。富良野、美瑛、美馬牛車站旁也有租車店，約一小時二〇〇日圓起，電動單車約一小時六〇〇日圓起。

・**美馬牛**　http://www.yamagoya.jp/ A

・**美瑛**　https://hirotravel.com/hokkaidou/bieityou/rentasaikuru.html B

・**富良野**　https://hirotravel.com/hokkaidou/furano/rentasaikuru.html C

美遊巴士（美瑛バスBiei View Bus）

從ＪＲ美瑛站與富良野發車的觀光巴士，適合時間有限者走馬看花，特別是冬天雪地遊覽。四季運行期間不同，部分只在假日營運，費用二千日圓起。

https://www.biei-hokkaido.jp/zh_TW/cruise_bus/#cruise01 D

・**道北巴士（道北バス）**　https://www.dohokubus.com/ E

美瑛到白金溫泉、青池、旭川等巴士時刻票價資訊。

・**札幌→富良野巴士（北海道中央バス）**

https://www.chuo-bus.co.jp/highway/index.cgi?ope=det&n=9&o=1&t=173 F

札幌與富良野間高速巴士「富良野號（ふらの号）」，一天八個班次，單程二五〇〇日圓，約一百八十分鐘。

※相關內容另請見１１４、１２１頁〈富良野那些人、那些花之一、之二〉

注：二〇一六年風災後，東鹿越─新得間鐵路風災中斷，改以巴士接駁往幾寅、新得，這段鐵路已決定二〇二四年三月廢線。

日本跳蚤市場資訊情報

了解一個地方先逛市場，更別錯過日本「蚤の市（跳蚤市場）」的美麗風景。對於對於老外來說，每個地方的市場都是風景點，傳統市場是當地人的廚房，跳蚤市場則是當地人的寶藏，能夠去走走看看一定有趣。特別是熟齡族會喜歡這一味的，也提供年輕人安排長輩旅行時參考。

推薦網頁與搜尋關鍵字：蚤の市（のみのいち）、フリーマーケット（Flea market）、リサイクル（Recycle）等。

- **京都東寺弘法市／每月２１日　http://www.touji-ennichi.com/** A
- **京都北野天滿宮天神市／每月２５日　https://souda-kyoto.jp/blog/00330.html** B
- **京都百万遍梅小路公園手製品市／手づくり市**
  http://www.tedukuri-ichi.com/ C
- **京都相關蚤市／フリーマ**
  https://kamigamo-tedukuriichi.com/ D
- **北海道札幌等地蚤市**
  http://ww7.tiki.ne.jp/~nrecycle/kijoshosai.html E

A C

B D E

・大東京地區蚤市

https://www2.recycler.jp/ A

・日本各地跳蚤市場

https://fmfm.jp/ B

http://www2j.biglobe.ne.jp/~tatuta/ C

※相關內容另請見96頁〈跳蚤市場挖寶樂〉

B

C　A

後記／台灣＋日本÷2＝？

二〇一三年，日本的外國遊客首次突破千萬人，其中韓國二三一萬人最多，台灣二二一七萬排名第二。若加上中國九十八萬、香港七十二萬，華人是日本最大的觀光客源。而二〇一四年上半年，台灣則以一三九萬，領先韓國的一二七萬，中國以百萬人緊追在後，香港為四十二萬。撇開政治因素，中國遊客可能很快會「叫我第一名」。

為什麼華人「瘋日本」？為什麼台灣人「愛日本」？「二二一七萬」這個數字，等於約十個台灣人，就有一人赴日觀光。距離近、進步、漂亮、乾淨、美食、購物……加上日圓貶值推波助瀾，都是誘因。愛去日本這個現象，輕鬆看待就是好玩，認真看待則值得深思。

民國七十年，台灣才開放出國觀光不久，我的處女行，就是參加韓日十二天團。那時在大阪逛超市、在東京搭地鐵，台灣還沒這些玩意，我被人家的進步嚇著了！爾後偶爾腳癢，就去日本，開始不會日語嘛也通的城市遊俠之旅。

我是懶人不耐遠行，懶人適合旅日。近便安全也、電車方便也、漢字多也！從都會到鄉村，從走馬看花到定點慢遊、Long Stay，隨著時間、年齡的推移，褪下日本絢麗時尚的外衣，愛上他們舒適的生活空間。比起熱鬧的東京、大阪等大都會，更喜歡生活機能同樣便利，卻寧靜的京都、札幌等許多中小城市。

喜歡日本從都市到鄉鎮都有人行道。都市綠地多，馬路車流量少，少有機車，路上多不能停車，車子禮讓人。喜歡那種走路騎車輕鬆、沒有壓力，空氣較好、便利舒暢的環境。

剛退休那幾年，密集去了大陸許多地方，不少風光勝過日本，但大陸沒出國的感覺，品質難以掌握。有人說日本人服務很ＳＯＰ、假假的，有些確實如此，但至少你知道，付出多少代價，會得到多少品質；不會在五星級的場合，也被擺臭臉。

當然，日本有日本的問題。日本人比較壓抑、不快樂、不容易親近，是個「菊花與劍」高反差與矛盾的社會……你可以不認同，但不能不佩服他們對許多事物的用心與堅持，還有比我們先進可取之處。

為什麼日本有魅力？直白地說，就是品質！

就以旅遊品質而言，日本在軟硬體都極其用心，多國語言的標示，更展現其友善與企圖心。反觀台灣雖努力行銷，卻便宜行事，重量不重質，別說最基本的機場電車至今仍未完工（二〇一七年通車），連機場巴士服務也是隨便，還不如市區公車！除仰賴台灣人的友善外，軟硬體都差一大截。

我常想，如果台日的優點相加，台灣日本加起來，除於二；那麼，台灣的生活空間會更怡人，更吸引老外來慢遊樂活吧！

本書的誕生，要感謝老婆多年的放牛吃草，女兒的偶然傳播牽線，妍妏主編的冒險與耐心。書中所分享的散記、資訊，若對讀者的任何需求有些助益，那麼砍樹出書，就沒有那麼罪過了。真是感謝！

二〇一四年八月

再版後記／圓夢・花開堪折直須折

我是平淡無奇之人，如果不是退休後轉念，成為離家出走的「不良老年」，流浪異鄉遊學逐夢，生活實在乏善可陳。

沒想到我三度老來叛逆的逐夢行動，會成為點燃一支支火光的小蠟燭，鼓舞不少讀友也展開圓夢的旅程。

「如果能變年輕，最想回到幾歲？」日本電視曾訪問東京巢鴨老人街銀髮族，答案居然是「五十幾歲」最多！走過春耕、夏耘，秋收確實是黃金人生。這是十幾年前報導，至今印象深刻。五年級生體力還好、負擔減輕，正是圓夢好時機。

活到老學到老不是口號，人生本來就是個學習之旅。年輕時學習生存、遊戲人間，年長時學習放下、學習老去。如果有夢想或想做的事，趁早；有想去的地方，快去。早一點學習樂活，免得越老越力不從心。

所以熟齡族更要趕快行動，把握六十歲前後，負擔減輕、體力還好的金秋。不要抱著「再等等」的心態！因為等久了可能失去動力，加上外在因素的牽絆，就更難圓夢了。所謂牽絆，長輩、晚輩、身體等等的照應，都是其中變數。例如近年來，我身體這部中古車修修補補的，就難以放肆遠行。

還有如常無常之絆！誰能想到一場疫病讓世界停止了流動，旅人失去穿越國境的自由，有些正規畫遊學的讀友突然被禁足了。本書的修訂再版也因疫擱置了三年。

真是人算不如天算啊。花開堪折直須折，莫待無花空折枝！

年輕時當編輯常下題「半百老翁」，沒想到老翁已過半百又近二分之一了。這個年紀還能自由活動，雖然心力退化，仍有某種程度的安康，確實很幸福！

特別是還能去日本慢遊Long Stay，一個比歐美近便，四季分明又有安全舒適公共空間，可以輕鬆地散步的國度（這點台灣仍待加油），也是很幸福。除了在家簡單過日子之外，希望在能走得動時，再去、再去！去當離家出走的「不良老年」，繼續幸福下去。

二〇二三年六月

國家圖書館出版品預行編目 (CIP) 資料

60 歲，還是想一個人去日本 Long Stay：老青春背包客的樂活遊學日誌 / 吳典宜著 . -- 二版 . -- 臺北市：貓頭鷹出版：英屬蓋曼群島商家庭傳媒股份有限公司城邦分公司發行 , 2023.08
面；　公分
ISBN 978-986-262-646-7(平裝)
1. 遊記 2. 日本
731.9　　103023619

60歲，還是想一個人去日本Long Stay——老青春背包客的樂活遊學日誌

（初版書名：老青春背包客的日本Long Stay日誌+超省錢生活全攻略）

作　　者　吳典宜
責任編輯　李季鴻
協力編輯　黃瓊慧
校　　對　林欣瑋、黃瓊慧
版面構成　劉曜徵
封面設計　兒日設計
行 銷 部　張瑞芳、段人涵
版 權 部　李季鴻、梁嘉真
總 編 輯　謝宜英
出 版 者　貓頭鷹出版
事業群總經理　謝至平
發 行 人　何飛鵬
發　　行　英屬蓋曼群島商家庭傳媒股份有限公司城邦分公司
115 台北市南港區昆陽街 16 號 8 樓
劃撥帳號：19863813；戶名：書虫股份有限公司
城邦讀書花園：www.cite.com.tw 購書服務信箱：service@readingclub.com.tw
購書服務專線：02-25007718～9（週一至週五上午 09:30-12:00；下午 13:30-17:00）
24小時傳真專線：02-25001990；25001991
香港發行所　城邦（香港）出版集團／電話：852-2508-6231／hkcite@biznetvigator.com
馬新發行所　城邦（馬新）出版集團／電話：603-9056-3833／傳真：603-9057-6622
印 製 廠　中原造像股份有限公司
初　　版　2014 年 12 月／二版 2023 年 8 月／九刷 2024 年 5 月
定　　價　新台幣 510 元／港幣 170 元（紙本書）
新台幣 357 元（電子書）
I S B N　978-986-262-646-7（紙本平裝）／978-986-262-647-4（電子書 EPUB）
有著作權・侵害必究（缺頁或破損請寄回更換）
讀者意見信箱　owl@cph.com.tw
投稿信箱　owl.book@gmail.com
貓頭鷹臉書　facebook.com/owlpublishing/
【大量採購，請洽專線】(02)2500-1919

城邦讀書花園
www.cite.com.tw